これは絶品、やみつきになる！

食品50社に聞いた
イチオシ！の食べ方

㊙情報取材班［編］

青春出版社

はじめに

普段食べている食品や、あの飲食店の人気料理――。それらを私たちはなんとなく口にしているけれど、じつはもっともっとおいしく味わう方法があるのかも？

そんな疑問を抱き、食品メーカーや飲食店に問い合わせてみたところ、「やっぱり！」と思わずヒザ打つ各社イチオシの食べ方がわかった。例えば焼酎を割って飲む場合。お湯で割るのと水で割るのとでは、そのやり方も順番もまったく違っていたのだ。

本書では、このような誰かに話したくなる作り方・割り方の正解をはじめ、総勢50社の食品メーカー、飲食店に聞いたさまざまなおいしい食べ方を紹介した。なかでも知る人ぞ知る〝ちょい足しアイデア〟は、組み合わせの斬新さ、おいしさで、これまでの価値観をゆさぶってくれるだろう。

本書によって、みなさんの生活に新しい味の発見があり、食べる楽しさをより感じていただけたら幸いである。

食品50社に聞いた

イチオシ!の食べ方

目次

第1章

あの食品や話題の料理を、上手に！ おいしく！

これぞメーカー・飲食店おすすめの食べ方

目次

第2章

ちょっとの工夫で、味わい2割増し！

ツウだけが知っているおいしい食べ方

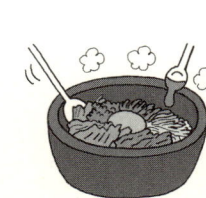

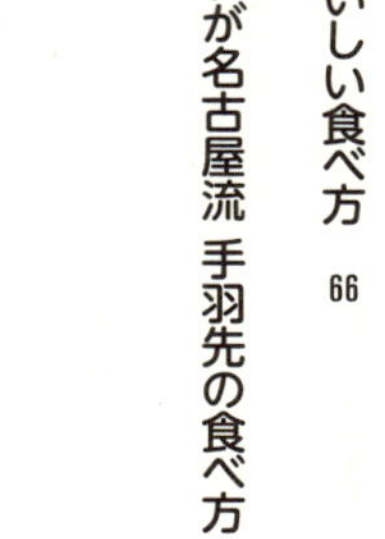

目次

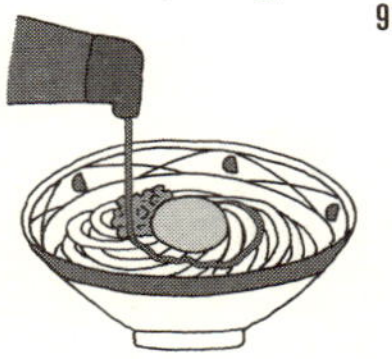

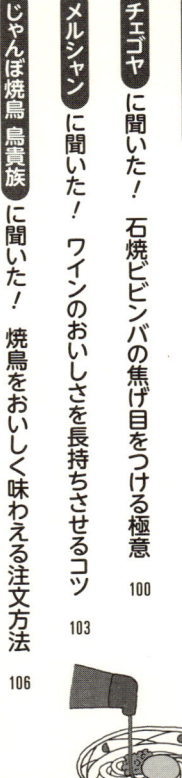

第3章

作り方しだいでこんなに味が変わるなんて！

プロの味を再現できる!? イチオシの調理法

第4章

なるほど、こんな食べ方もあったんだ！
思わず人に教えたくなるアレンジレシピ

※本書にでてくる商品、料理、価格は、２０１３年8月20日現在のものです。

※価格は税込価格です。

イラスト●須田博行
文・取材●T.V.エディターズ、渡部 香
本文DTP●センターメディア

第1章

あの食品や話題の料理を、上手に！　おいしく！

これぞメーカー・飲食店おすすめの食べ方

サントリーに聞いた！ ハイボールの作り方はこれが正解！

女性にも人気が高まっているウイスキーのソーダ割り「ハイボール」。ウイスキー本来の味、コクを引き立てる、キリリと冷えたハイボールの作り方はこれが正解！

教えてくれたのは……
広報部
三上泰斗さん

01 グラス・ウイスキー・ソーダをしっかり冷やす

ウイスキーを冷凍庫に入れておくと、冷え冷えのハイボールができる。冷凍庫に入れても、アルコール度数が高いため液体が凍らない。グラスとソーダは冷蔵庫へ。

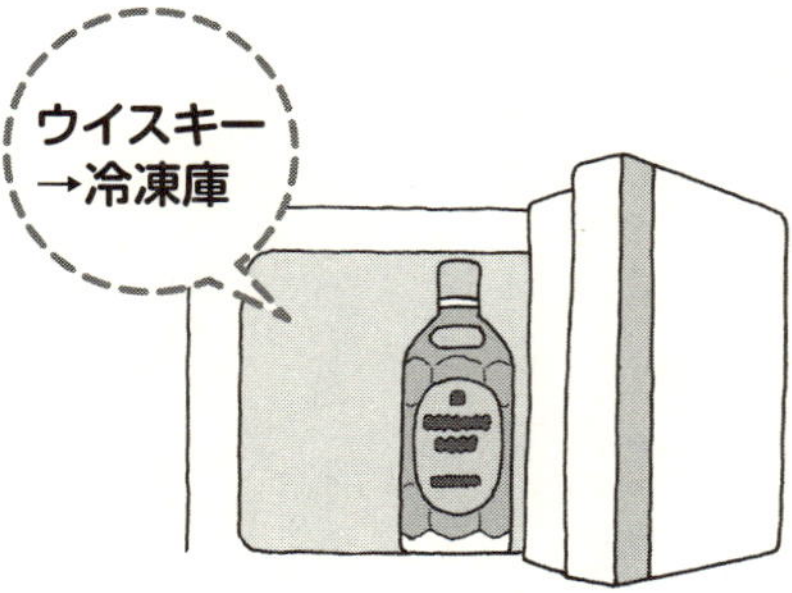

※家庭用冷凍庫を使用し、業務用・医療用冷凍庫の使用はおやめください。
※すべりやすくなりますので、お取り扱いにはご注意ください。
※水割りウイスキー製品は、冷凍庫で冷却しないでください。
※凍結により、容器が破損・破裂するおそれがあります。

02 **グラスに氷を入れる**

ウイスキーのうま味、甘みを楽しむなら、氷なしのハイボールも◎。

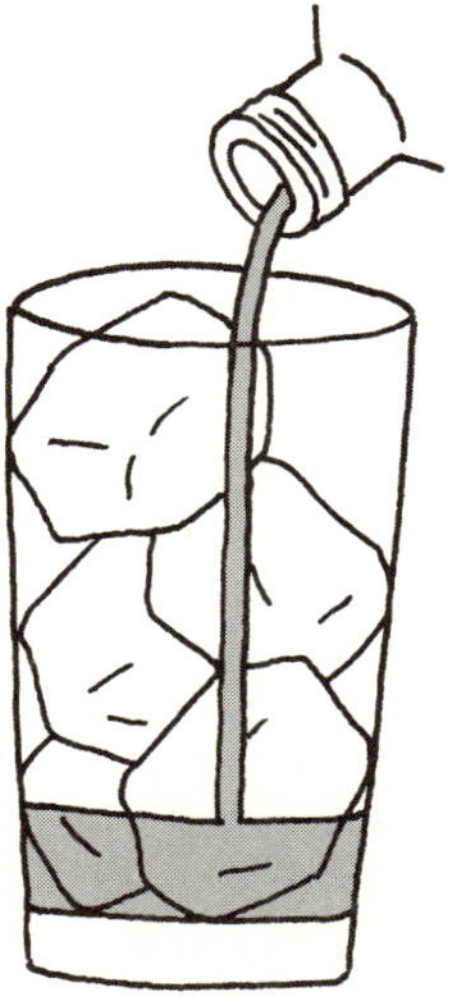

03 **ウイスキーを適量注ぎ、しっかり混ぜる**

氷となじませるようにていねいに。

04 ソーダを加え、軽く混ぜる

ウイスキー１に対し、ソーダは３～４の割合が理想的。

マドラーをコップに深く差し込み、ぐるりと縦に円を描くように１回転させる。こうすると、炭酸を逃がさずに両者をうまく混ぜ合わせることができる。

ツウだけが知っている

爽快感を引き立てるなら
すだちがおすすめ

この場合はウイスキー１に対し、ソーダを４の割合がおすすめ。マドラーで１回かき混ぜたあと、すだち（１／２個）を最後にしぼる。レモンより和風なさわやかさで、料理にも合わせやすい。秋〜冬におすすめ。

商品紹介

ハイボールには
“角”がおすすめ！

“角”こと「サントリー 角瓶」はハイボールを想定してブレンドされたウイスキー。ほのかに甘い香りがありつつ、すっきりした後味で、飲みやすいのに、飲み飽きない！

牛角に聞いた！

肉をおいしく焼くための【種類別】網上のベスポジとは？

焼肉の極意は「強火で一気に焼いておいしさを閉じ込める」こと。おいしく焼くためには、一度に網の上にのせる枚数と網の上の陣地取りが重要だった。

教えてくれたのは……
レインズインターナショナル
経営企画部 広報
川合康幸さん

タン塩、カルビのベストポジション

共通点は、短時間で焼けること。七輪の中心において、強火で一気に焼き上げる。

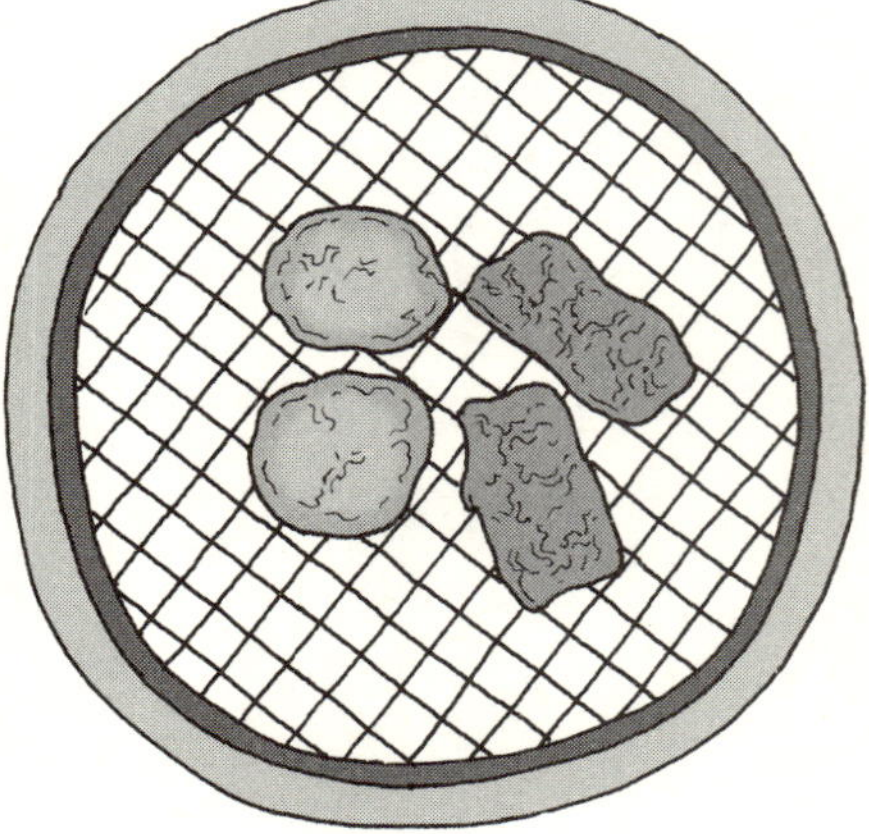

同じグループ：ロース

ツウだけが知っている

網には一人＝１枚分の肉しかのせない

目の前の一枚に集中することで、ベストな焼き加減を見極めることができる。塩→たれ→味噌など、薄い味から濃い味に徐々に移行するといい。味が変わるタイミングで、網の交換を。

ホルモン系のベストポジション

じっくり焼く系の肉は、比較的温度の低い網の周囲に。表面をこがさず、じっくり中まで火を通す。脂が多くて火が上がる肉もこちらで。

同じグループ：ピートロ、鶏肉、豚カルビ

ツウだけが知っている

肉はひっくり返すほどに、うまみが落ちる！

お肉をひっくり返す回数は、「1回」きりと心得て。何度もひっくり返すと、うまみはどんどん落ちていく。「下面の焼き加減がわからない！」という人は、トングを使ってのぞき込むように“チラ見”を！　トングを使い、生の肉は箸ではさまないこと。

人気メニュー「ねぎ牛タン塩」の焼き方

たっぷりのねぎが別添えでついてくる。ジューシーな牛タンをさっぱりと。

01 焼き面に焦げ目がついたら裏返す

02 裏返して、さらに焼く

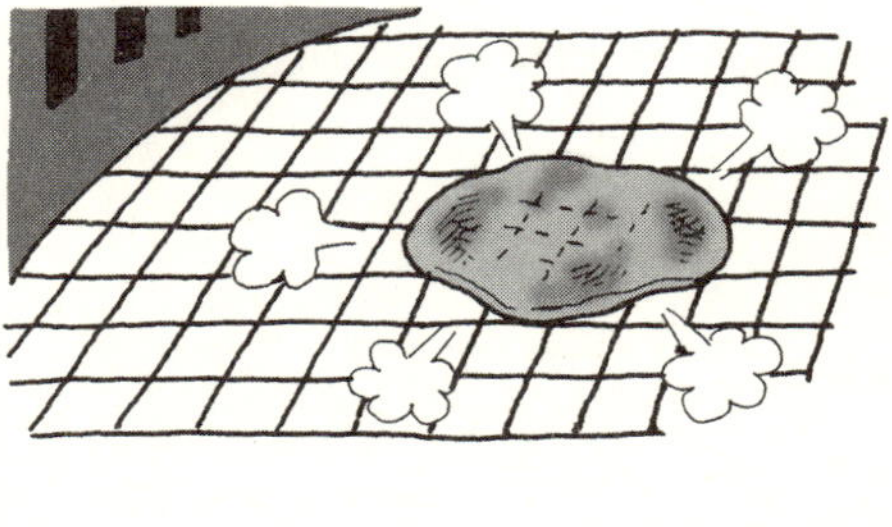

03 焼いたタンを皿に取る

しっかり焼けたか確認し、取り皿へ。

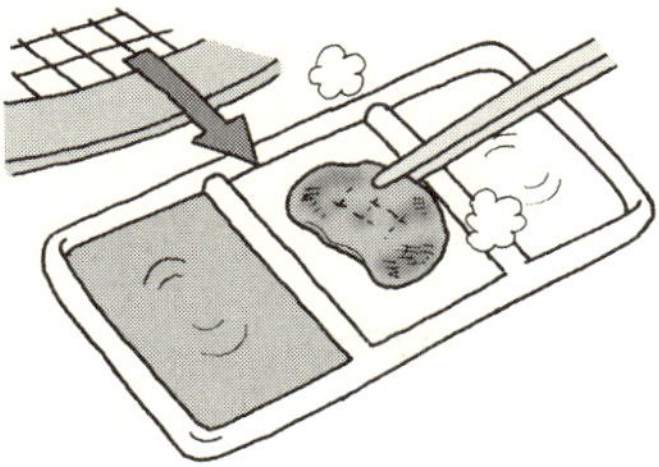

04 きざみねぎをのせて食べる

ねぎの量はお好みで。シャキシャキの食感が味わえる。タンでねぎを包むようにして食べる。

商品紹介

ねぎ牛タン塩 ¥935

質の高い肉をリーズナブルに食べられる人気焼肉チェーン店『牛角』。旨味たっぷりの人気メニュー「ねぎ牛タン塩」には、別添えでたっぷりのねぎのみじん切りがついてくる。

ホッピービバレッジに聞いた！

「ホッピー」のおいしい割り方、味わい方

〝焼酎で割る〟元祖「ホッピー」。40年以上に渡り伝わってきたおいしい飲み方の極意は、「ホッピー」、焼酎、ジョッキの3つをよーく冷やす〝3冷〟にあった！

教えてくれたのは……
秘書室
浅見季美子さん

01 まずは3冷（sanrei）を用意

「ホッピー」、焼酎、ジョッキを用意し、よく冷やす。ホッピーを飲むときは、必ず“3冷”で！

02 まずは焼酎を入れる

焼酎とホッピーの割合は１：５がベストバランス。500ccのジョッキの場合だと、焼酎70cc程度。先に焼酎をジョッキに注ぐ。風味が損なわれるので、氷は入れないこと。

03 ホッピーをまっさかさまに入れる

１本分のホッピーをイラストのように勢いよく注ぐ。こうすることで自然と焼酎となじむので、マドラーなどでかき混ぜなくても大丈夫。これでアルコール約５％のホッピーができあがり。

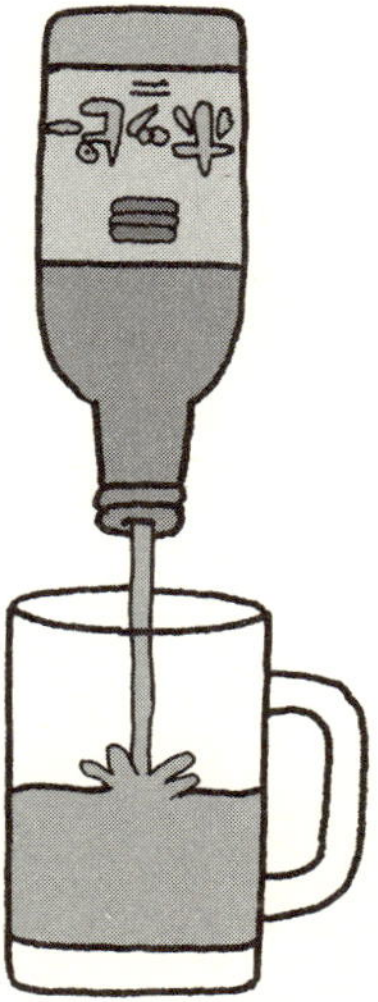

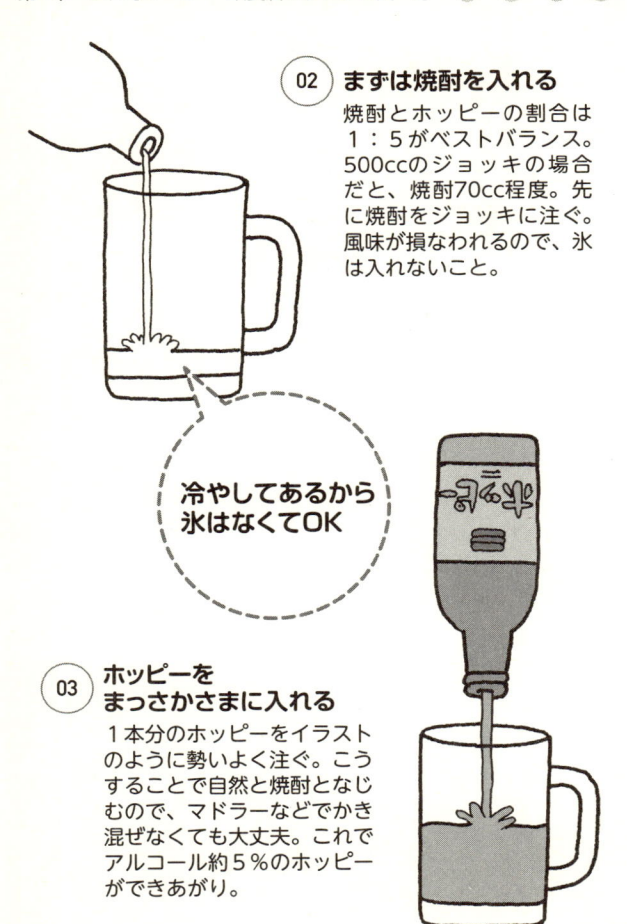

ホッピーのトマト割り

『ホッピービバレッジ』内で、一番注目されている“人気No.1”の飲み方。ピューレ状トマト2.5：ホッピー 2.5：焼酎1の割合で混ぜるのがポイント。

01 トマトをミキサーでピューレ状にする

完熟トマトを使うのがベスト。

ツウだけが知っている

焼酎以外にもこんなもので割るとおいしい

◆レモンチェッロ 1 ：ホッピー 18
テレビ番組の企画で 1 位を獲得した飲み方

◆カシスリキュール 1 ：ホッピー 5
甘みがあり、泡までキレイなホッピー

◆ジンリキュール 1 ：ホッピー 10＋ライム
のど越しスッキリ、さわやかなホッピー

02 焼酎、ホッピーと混ぜ合わせる

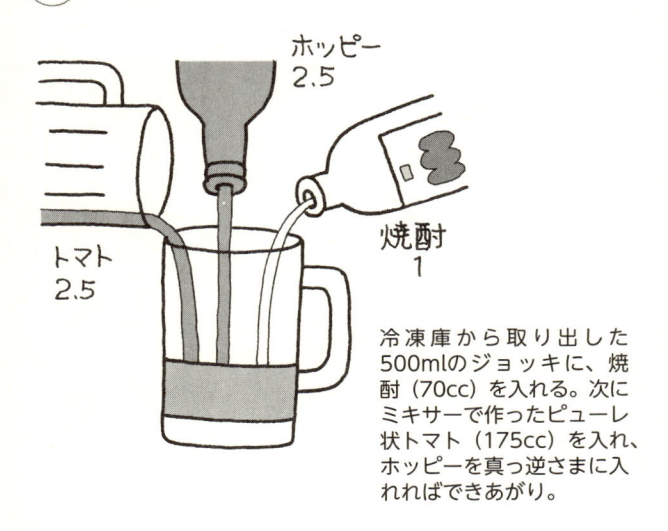

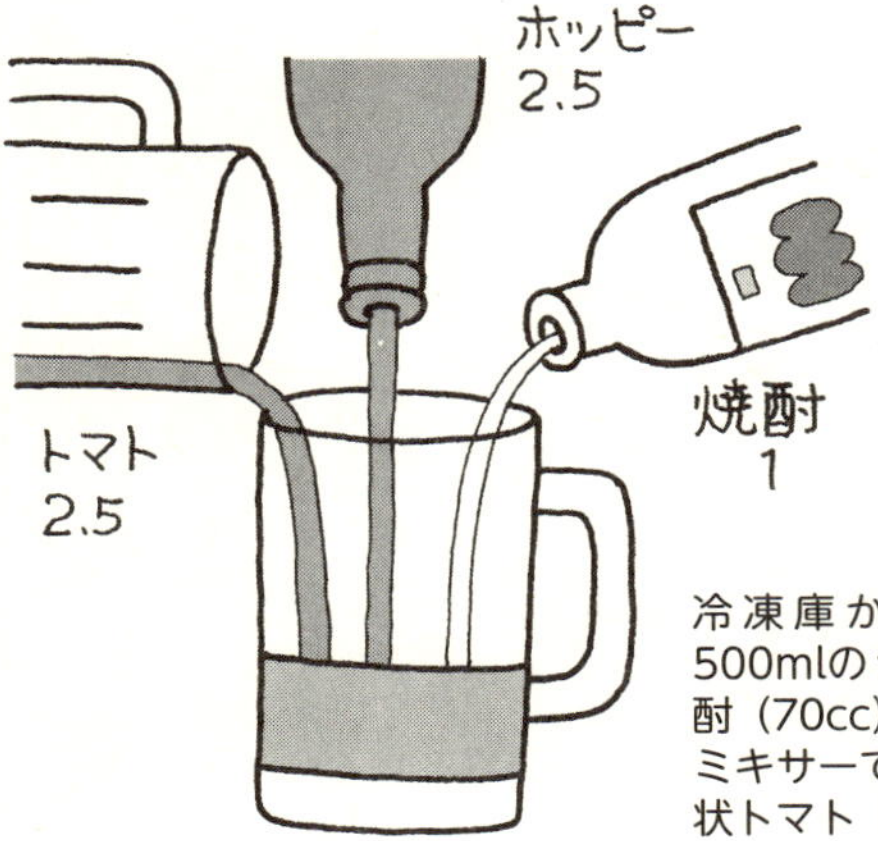

冷凍庫から取り出した500mlのジョッキに、焼酎（70cc）を入れる。次にミキサーで作ったピューレ状トマト（175cc）を入れ、ホッピーを真っ逆さまに入れればできあがり。

商品紹介

ホッピー 330
メーカー小売希望価格 ¥139

1948年に7月に発売された、低カロリー、抵糖質、プリン体ゼロ、アルコール分0.8％含有のビールテイストの焼酎割材。「ホッピー330」は330ml入りの家庭用。

築地 銀だこ に聞いた！

お持ち帰りのたこ焼きを120%味わう方法

『築地 銀だこ』といえば、生地のおいしさと焼きの技術に定評がある。その〝パリッ、トロッ〟を持って帰っても体感できる、知る人ぞ知る注文の仕方、食べ方があった！

教えてくれたのは……
株式会社ホットランド 商品部
川島拓也さん

01 ソースを別添にして持ち帰る

注文時に「ソースは別に」と言うと、小袋ソースと小袋マヨネーズを別添えにできる。こうすれば、表面の食感をそこなわずにお持ち帰りすることができる。

商品紹介

ぜったいうまい!! たこ焼（8個入り）¥550

※2013年9月現在。一部店舗によって価格が異なる場合があります。

創業15年、現在国内外に400店舗を持つ『築地 銀だこ』のこだわりは、皮はパリッと中はトロッと、たこはプリッとした、ぜったいうまい!! たこ焼。

02 トースターまたは フライパンで温め直す

電子レンジはＮＧ（たこが固くなるため）。トースターの場合はアルミホイルを敷いて。フライパンの場合は、転がすように温める。すると、表面の“パリッ”とした感じを焼きたてに近い状態にできる。

03 舟に戻し、味付けをする

**ソースは
塗らずにのせる**

温まったらたこ焼きを舟に戻し、小袋のソース、青のり、かつおぶし、マヨネーズを好みでトッピング。ソースは「塗る」というより「のせる」イメージでつけると、皮をパリッと保てる。

04 “舟”ごと口に近づける

丸ごと「フーフー」しながら、が最もおいしく食べられる方法。割ってから口に入れると食感も半減。熱くて口から離してしまっても、舟を近づけていればキャッチしてくれる。

※くれぐれも火傷にご注意ください

バカルディジャパンに聞いた！

話題のカクテル、モヒートのおいしい作り方

ミントとライムの清涼感が魅力の、ラム酒をベースにしたキューバ発のカクテル「モヒート」。その味わいをよりさわやかにするカギは、ミントの配分にあった！

教えてくれたのは……
PR&EVENT マネージャー
児島麻理子さん

01 ミント・ライム・砂糖を混ぜる

グラスにミントの葉（10枚程度）、ライム1/4個、砂糖（小さじ１）を入れ、ペストル（カクテル専用すりこぎ棒）でつぶす。ペストルがなければ大きめのスプーンやすりこぎなどでもＯＫ。

ツウだけが知っている

モヒートにガムシロはNG

冷たいカクテルにはシロップを使うと思われがちだが、モヒートの場合は風味が変わるので使わない。

02 氷を入れ、お酒を注ぐ

見た目にも涼しいクラッシュアイスがおすすめ。「バカルディスペリオール」を注ぎ、全体が混ざるようにかき混ぜる。

03 少量のソーダを加えて軽く混ぜる

下にたまったミントの葉が、全体にまばらになるように混ぜるのがポイント。

04 仕上げにスペアミントの葉をのせる

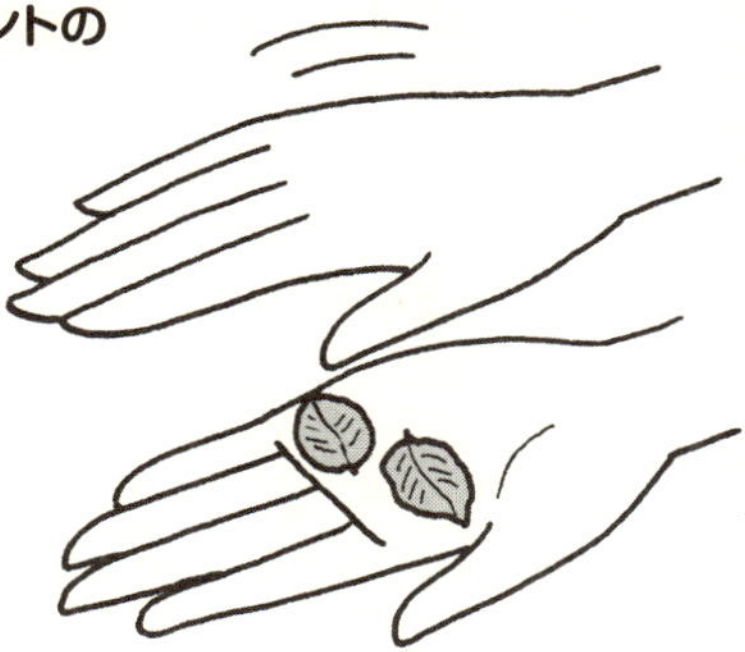

同じミントでも、ペパーミントよりスペアミントのほうが香りがよい。手のひらで「パン！」とたたいてからのせると、香りが広がる。

ツウだけが知っている

コーラで「オーク&コーク」

「バカルディ オークハート」(30ml)と「コカコーラ」(90ml)を混ぜ、最後にカットライムをのせる。オークハートはシナモンやバニラの風味があり、コーラとも好相性。女性にも人気が高い。

商品紹介

バカルディ スペリオール（ホワイト）750ml
参考小売価格 ¥1462

クセがなくフルーツとも相性のいいカクテルベース。バーテンダーからも絶大な人気を誇る。

宝酒造に聞いた！

焼酎がもっとおいしくなる割り方の技術

焼酎を飲む時、なんとなく適当に割って飲んでいないだろうか？　同じ「割る」でも、〝相手〟によって方法は変わるし、味に大きな違いが！　その違いは割る液体の温度にありそうだ。

教えてくれたのは……
環境広報部
奈良有里代さん

お湯割りの場合

お湯を入れてから焼酎をゆっくり注ぐ

焼酎とお湯の割合はだいたい6：4、お湯の温度は70～80度がおすすめ。お湯を入れた後に焼酎を注ぐと、対流が起こってうまくなじみ、味がまろやかになる。
※アルコール度数は約15％（日本酒並）

水や炭酸水で割る場合

焼酎を入れてから
後から水や炭酸水を注ぐ

グラスに氷を入れ、よく混ぜて冷やしておく。焼酎→水/炭酸水の順で注ぎ、軽く混ぜる。

炭酸水や水など、焼酎の温度とさほど変わらない場合は焼酎を先に入れ、お湯など温度が高い場合は後入れがルール。

ツウだけが知っている

割る時は
アルコール度数を意識する

25度の焼酎を水で３倍に薄めた場合、最終的なアルコール度数は約８度。ドライ系の缶チューハイとほぼ同じになる。最終的なアルコール度数を意識しながら飲むと、悪酔いしにくい。

焼酎好きだけが知っている「前割り」

前割りとは前もって水で割り、一晩寝かせておくこと。一晩（以上）寝かせることで焼酎と水がよくなじみ、まろやかな味になる。

01 焼酎とミネラルウォーターを混ぜる

ふたのできる容器が便利。焼酎の本場、九州地方の最もポピュラーな割合は水４：焼酎６。

02 冷蔵庫で一晩以上寝かせる

03 よく冷やしたグラスに注いで飲む

グラスを飲み物と同じ温度に近づけておくと、よりおいしく飲める。冷蔵庫でグラスも冷やしておこう。

商品紹介

本格麦焼酎「知心剣」(720ml)
税抜き参考価格 ¥1244
全量芋焼酎「一刻者」(720ml)
税抜き参考価格 ¥1430

アルコール度25%の本格焼酎。飲みやすくて香り高い、まろやかな味わいで女性にも人気。

揚州商人に聞いた！ 小籠包のおいしい食べ方

箸で持ち上げたら皮が破れてスープが流出…。祖父の代から代々中華料理店を営み、現在の店になって約30年の『揚州商人』にその食べ方の極意を聞いた。

教えてくれたのは……
ホイッスル三好
松田恵さん

01 合わせ酢をつける

皮の合わせ目あたりを箸ではさんで持ち上げると、皮がやぶれにくい。小籠包は餡とスープのコラボレーションを味わう料理。しっかり味がついているため、合わせ酢は下の部分にちょっとつけるだけでいい。

02 箸で皮の側面をやぶる

れんげいっぱいにスープが出てくるので、こぼさないように。

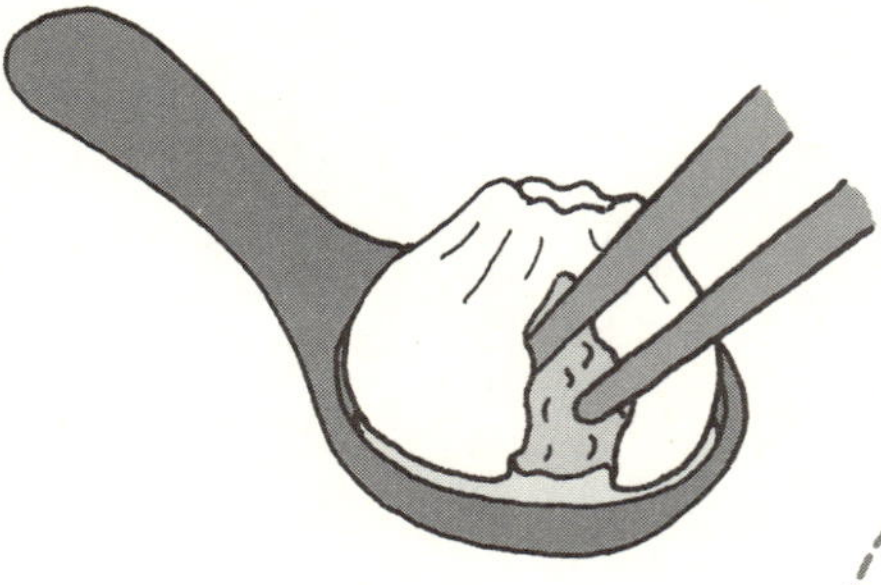

03 スープをすする

れんげにたまったスープを飲む

04 皮と具を食べる

お好みで千切りしょうがをのせても。

商品紹介

夢ここち小籠包
6個 ¥720

豚肉と合う素材を厳選して作られた、手包み小籠包。中身がジューシーで皮までおいしい。

カルピス に聞いた！

「カルピス」が最高に おいしくなる黄金比率

炭酸に牛乳…と水以外のもので割っても違う味わいが楽しめる乳酸菌飲料「カルピス」。しかし、いつも同じ割り方はNG。〝相手〟によってベストな比率は違うのだ！

教えてくれたのは……
広報・CSR部
宮本史帆さん

水で割る場合は
「カルピス」1：水4

グラスに「カルピス」原液を入れ、後から割る液体を注ぎ入れるのがルール。割りムラが少なく作れる。

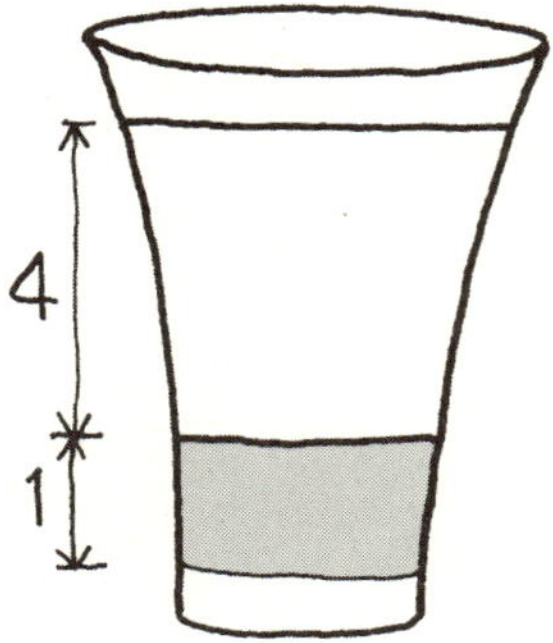

商品紹介

「カルピス」(470ml)
メーカー希望小売価格 ¥483

1919年7月7日に発売の超ロングセラーで、乳酸菌飲料の先駆け的存在。パッケージの水玉は七夕生まれにちなみ天の川をイメージ。

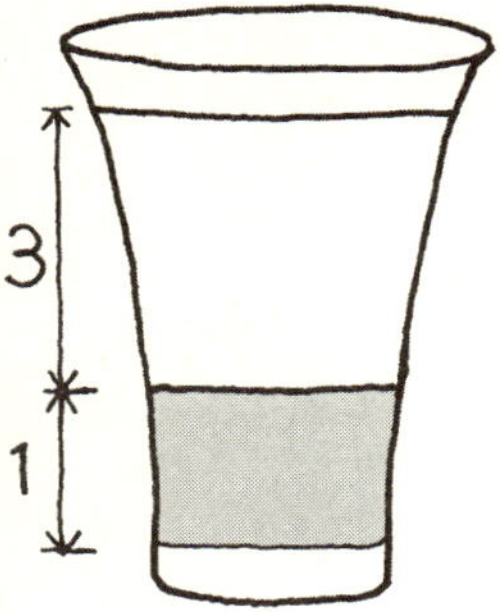

炭酸水で割る場合は「カルピス」1：炭酸水3

炭酸の刺激に負けないように、味をしっかり出す。「カルピス」原液は若干濃いめに。

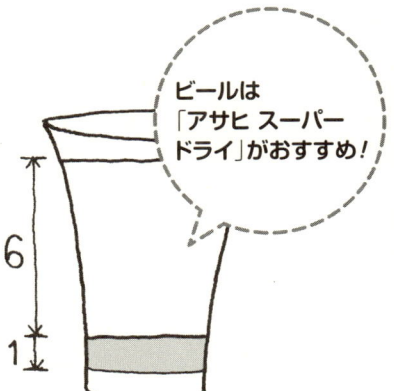

ビールは「アサヒ スーパードライ」がおすすめ！

ビールで割る場合は「カルピス」1：ビール6

「カルピス」をビールで割ったカクテルが「ダブルカルチャード」。「カルピス」の甘味でビールの苦味を中和。ビールが苦手な人にも飲みやすい！

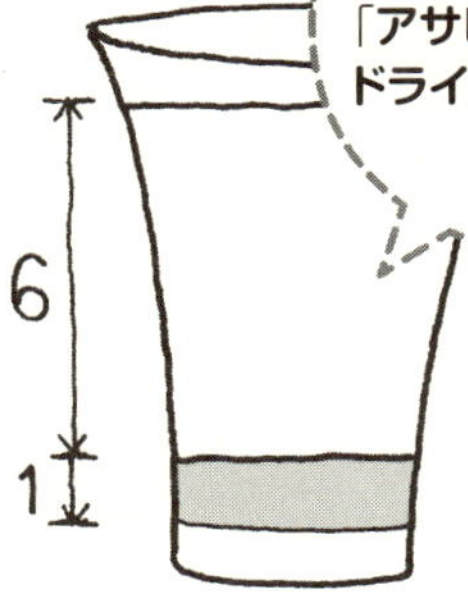

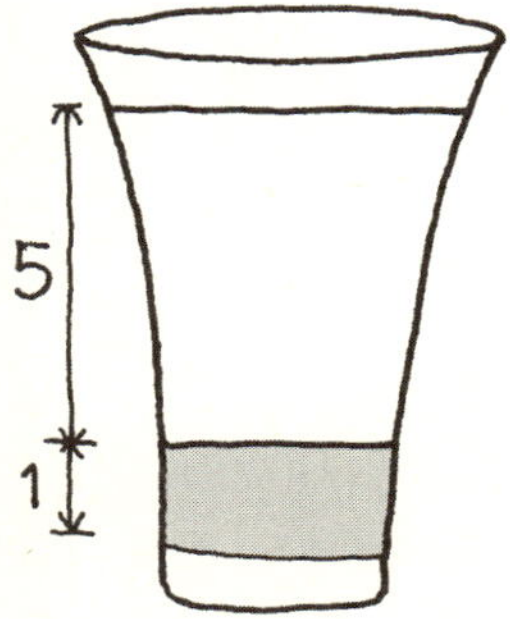

牛乳で割る場合は「カルピス」1：牛乳5

牛乳に限っては、先に冷たい牛乳を注いでから。「カルピス」を入れて混ぜる通常の逆パターン。マンゴー味の「カルピス」を使えば、ラッシーのような味わいになる。

「カルピス」をスイーツに使う

「カルピス」には砂糖は入っているが、脂肪分ゼロ。液体なので混ぜやすく、果物やクリームなどとも相性がよい。原液をそのまま使う。

かき氷シロップに

氷が溶けても、最後の１滴までおいしく食べられる。フルーツ味がとくにおすすめ！

フルーツにかける

フルーツの酸っぱさが苦手な人に。甘味が酸味をやわらげ、程よく調和。

料理に使う

甘酸っぱさやクリーミーさを活かして、砂糖や酢のような使い方を。コクを出したり、辛みをまろやかにしたりするのにも使える。

マヨネーズに

普段使いのマヨネーズに「カルピス」を混ぜるだけ。後味がさわやかなので、野菜スティックや蒸し野菜などさっぱりした料理に合う。

ソースに

中濃ソースと「カルピス」を混ぜ合わせた、カルピス社員食堂でも定番のソース。とんかつ、目玉焼き、唐揚げに使えばひと味違ったおいしさ。お好み焼きの場合は、中濃ソースをお好み焼き用ソースに変えて。

日本ケンタッキー・フライド・チキンに聞いた！

【部位別】チキンのおいしい食べ方

1羽を5つのパーツ、9ピースに分けるのはKFCオリジナルのカット法。一見食べるのが難しそうなパーツも、コツをつかめば最後までキレイにおいしく食べられる。

教えてくれたのは……
経営企画室 広報チーム
久本尚美さん

1羽は5つの部位、9つにカット

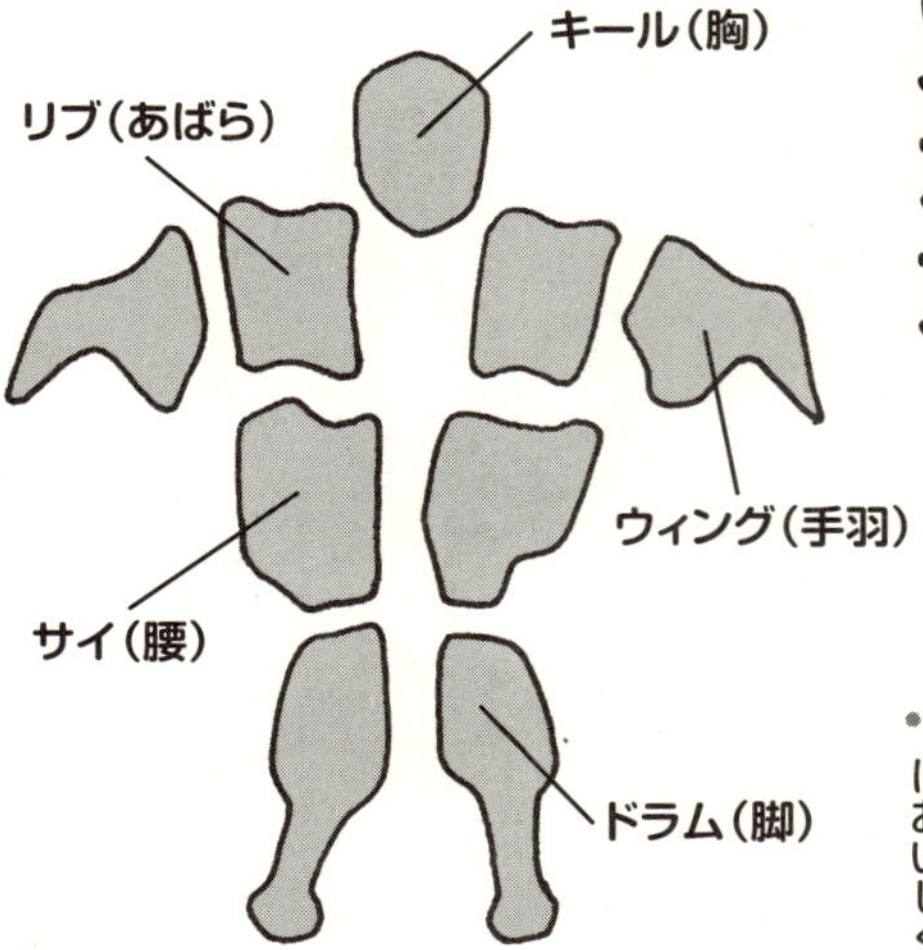

キール以外の部位は左右に1個、2つずつある。よって、5つの部位9つにカットできる。鶏肉の味が濃く感じられる部位がサイとドラム、比較的あっさりとした味わいの部位がキール、リブ、ウィング。

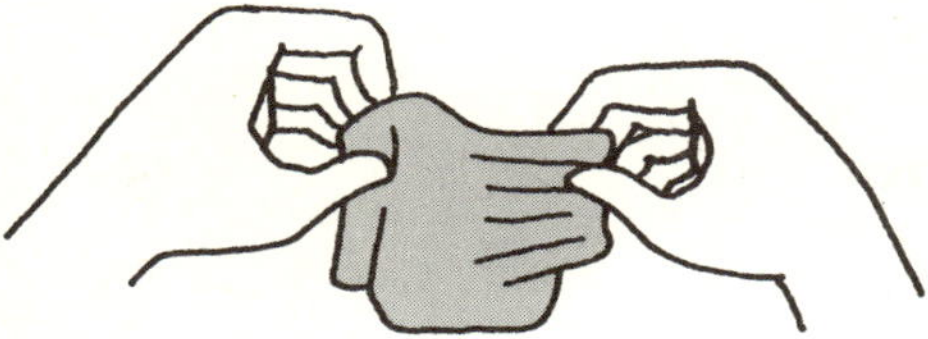

リブ

内側のあばら骨を1本づつ取って、こそげとるように骨の周りについた肉を食べる。

ウィング

交差された関節を開いて手羽元にある細い2本の骨をぬいてかぶりつく。

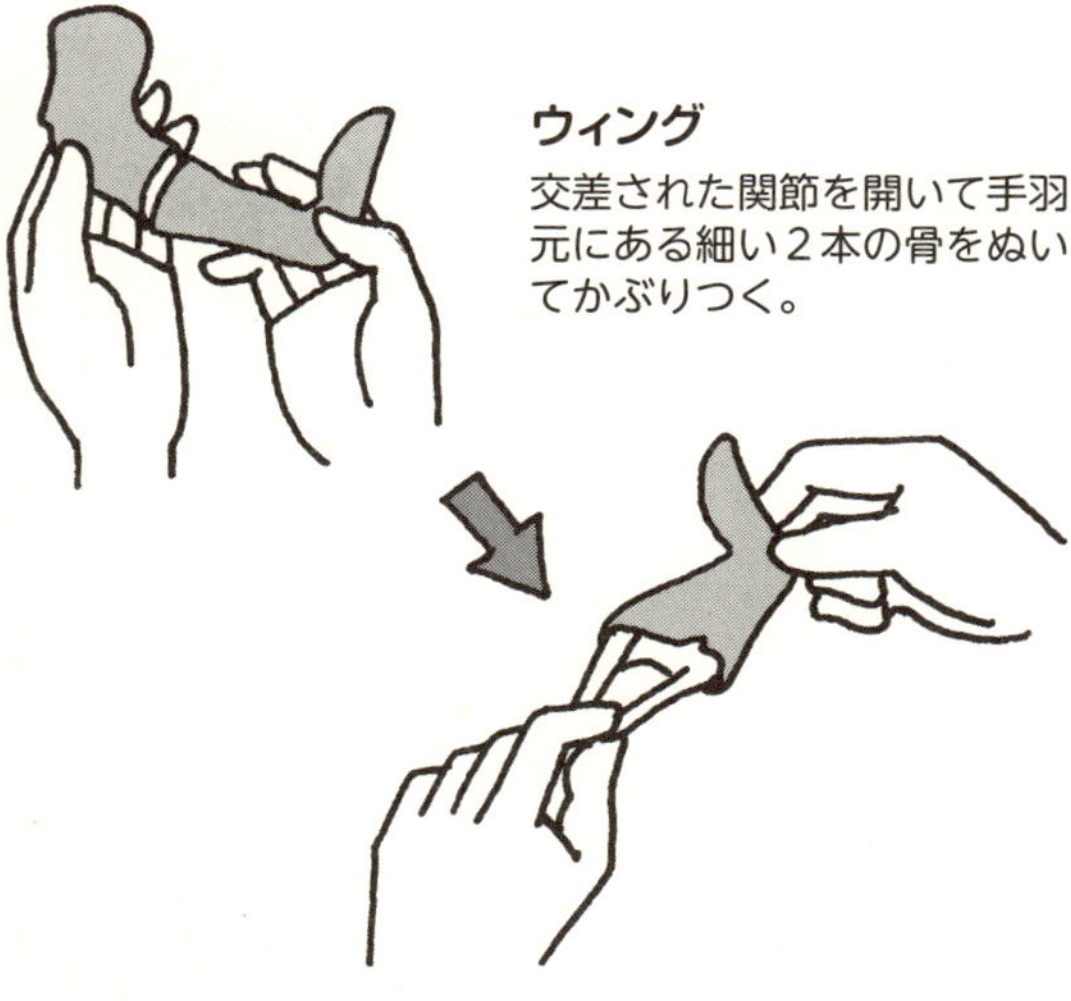

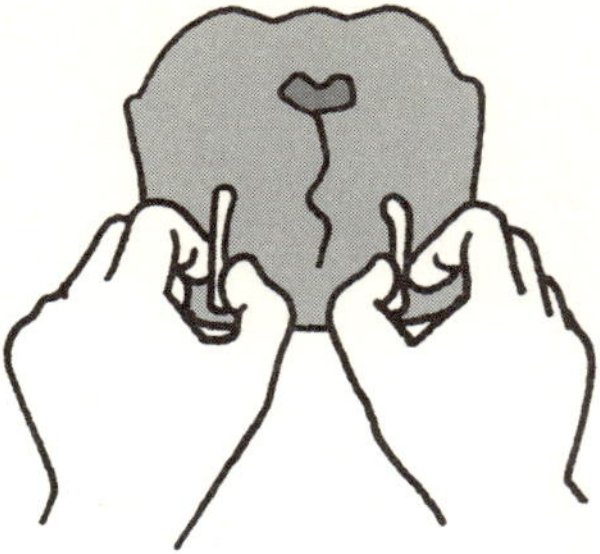

キール

左右の鎖骨を取り、まん
中の軟骨を手で引き抜く。
軟骨は食べられる。

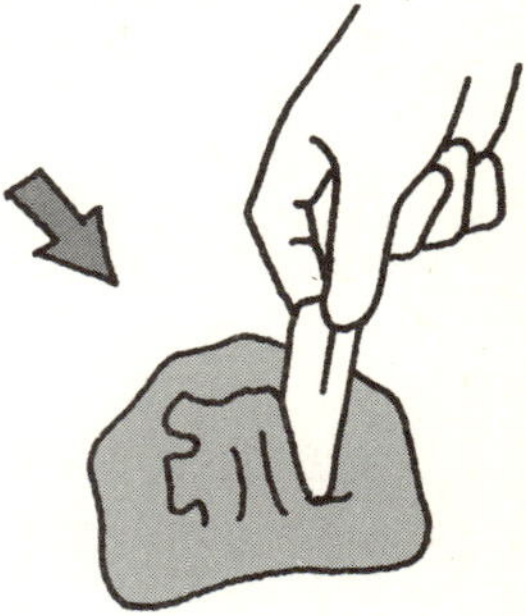

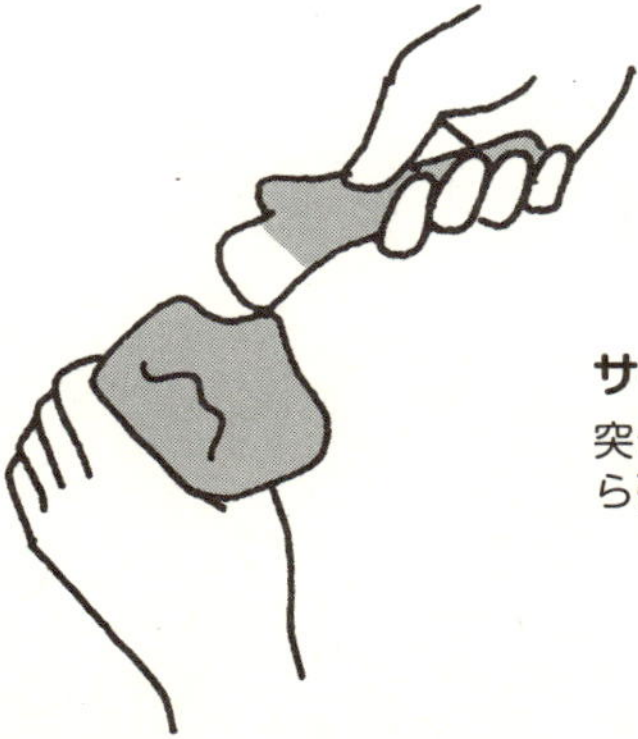

サイ

突き出た骨をねじりなが
ら引っぱり外して食べる。

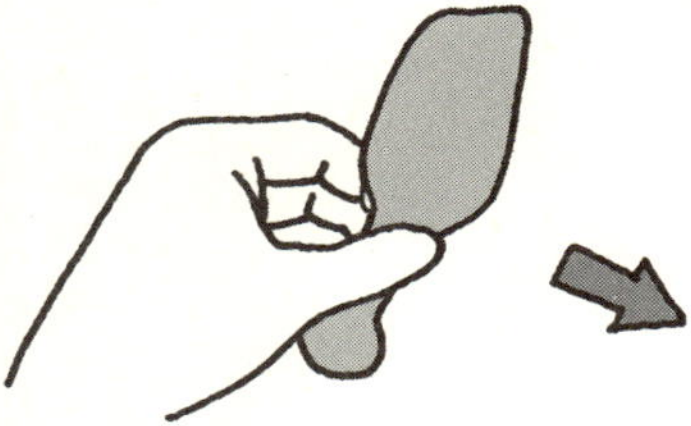

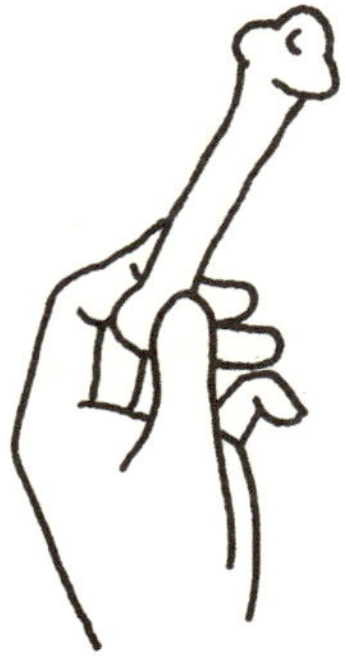

ドラム

肉を食べ終わったら骨のはしにある軟骨を食べる。

ツウだけが知っている

お持ち帰りチキンの上手な温め方

アルミホイルに包み、あらかじめ温めておいたオーブントースターに入れ180～200度で５～８分温める。電子レンジは500Wで無包装のまま１個につき30秒～１分。

商品紹介

６ピース バリューパック
¥1690

色々なパーツのチキンとサイドメニューが楽しめる３～４人向けの人気メニュー。

パンケーキデイズに聞いた！
山盛りパンケーキの上手な食べ方

複数枚積み上げたパンケーキをたっぷりのフルーツやクリームでいただく。ボリューミーなパンケーキをきれいに食べるには、〝切る〟のではなく〝分ける〟のがコツだった！

教えてくれたのは……

大和 翔さん

01 食べる人数＋1枚の皿を用意する

人数分しか皿がない場合は、店員に頼んで予備の皿をもらう。『パンケーキデイズ』では、頼まなくても人数分＋1枚が渡される。

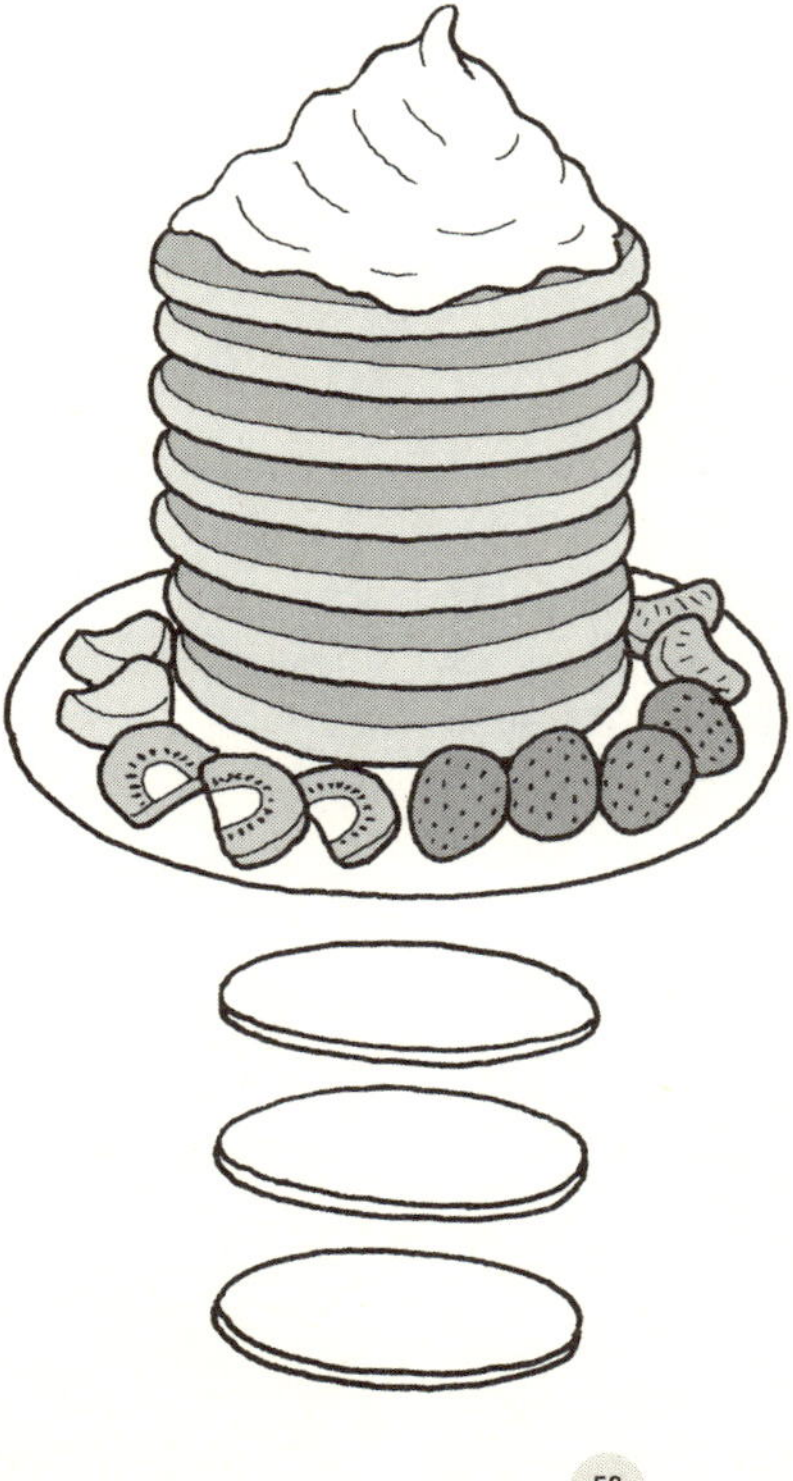

02 生クリームののったパンケーキを予備のお皿に移す

いきなり切り分けると、生クリームとパンケーキがぐちゃぐちゃになるので注意。

03 パンケーキとフルーツを分ける

残った人数分のお皿を使って、それぞれ分けていく。人数分以上にパンケーキがあるならば、切り分けるより１枚ずつ分けるのがベター。

04 02の生クリームを分ける

スプーンを使うとやりやすい。各お皿に１人分サイズのパンケーキが完成し、シェアしたあとの盛り付けもきれい！

商品紹介

デイズスペシャル ¥2100

2006年にオープンした『パンケーキデイズ』はパンケーキ専門店の先駆け的存在。写真は一番人気のメニュー。ふわふわ、しっとりとした生地が特徴のパンケーキに生クリーム、ブルーベリージャム、周りにフルーツがいっぱい！

日東紅茶に聞いた！

ティーバッグでリーフティー並みの紅茶を淹れるコツ

自宅でもオフィスでもホッとひと息つきたい時に、手軽なティーバッグはとても便利。ちょっとしたコツで、茶葉のうまさを最大限にまで引き出せる。

教えてくれたのは……
三井農林
家庭用事業本部
黒木美左子さん

01 沸騰したてのお湯を使う

湯沸かしポットのお湯を使う場合は、もう一度沸騰させてから使う。カップもあらかじめ温めておく。

10円玉位の泡が、ボコボコ出ている状態に

商品紹介

日東紅茶 デイリークラブ（25袋入り）メーカー希望小売価格 ¥289

Daily Club

香り高くコクのある味わいが絶妙なブレンドティー。ミルクティーにもおすすめ。

02 カップにお湯を注ぐ

最初にお湯を入れるのが肝。お湯の勢いでティーバッグが破けたり、空気が入って浮いてしまうのを防ぐため。

03 ティーバッグをカップの側面からすべりこませる

脇から入れることでカップの底にきちんと沈み、全体がしっかり湯につかって蒸らすことができる。

ツウだけが知っている

ティーバッグ1袋＝1杯分と心得る

2杯目でもそれなりに紅茶の色は出るが、おいしさは激減している。1袋＝1杯分を徹底させよう。

04 蒸らしている間はティーバッグをふらない

ふると色は出てくるが、風味はすぐに出ないので、そのまま1分間静かに蒸らす。香りと味がじっくり一緒に出てくるのを待ち、最後にティーバッグを軽くふってできあがり。

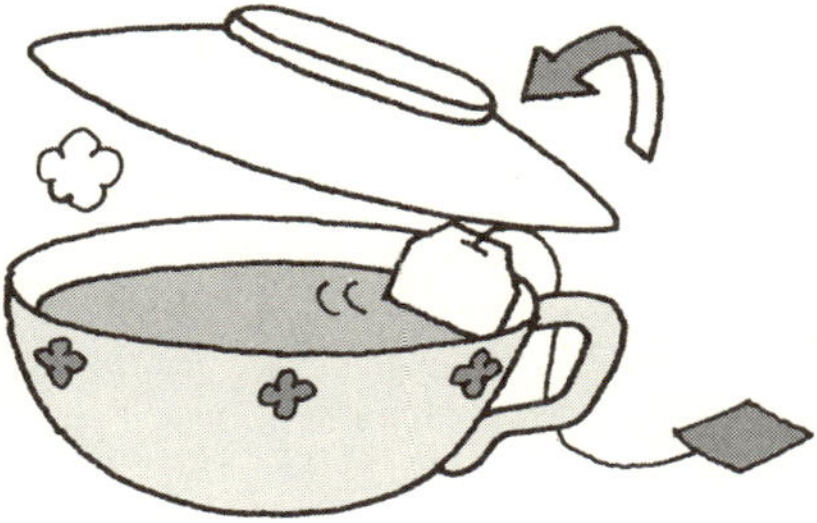

ソーサー（受け皿）などでふたをして蒸らすとさらにおいしくなる。

古奈屋に聞いた！

汁を飛ばさないカレーうどんの食べ方

シャツに汁が飛んで、「ギャー！」。そんなカレーうどん経験はないだろうか？　カレーうどんのパイオニア『古奈屋』の〝猫舌〟営業部長が編み出した飛び散らない食べ方！

教えてくれたのは……
取締役 営業部長
戸川里美さん

01 イスをテーブルに近づけ丼との距離をつめる

丼から口までの麺の移動距離を短くするため。

02 箸でうどんを持ち上げる

1回に取るうどんの量は少なめにする。3～4本がベスト。麺のまん中あたりをしっかりつかみ、口に運ぶ。

03 麺をすすりながら、箸で下の方の麺をおさえる

麺を口に入れたら、箸の位置を麺が躍らないように下から上へスライドさせる。この時、麺先はスープの中にあるように。

04 箸で押さえたところまでをすすっていく

03の位置まで食べたら、箸をさらに下へスライドさせる。この動きをくり返す。

05 食べ終わり近くになったら、箸でうどんの先をまとめる

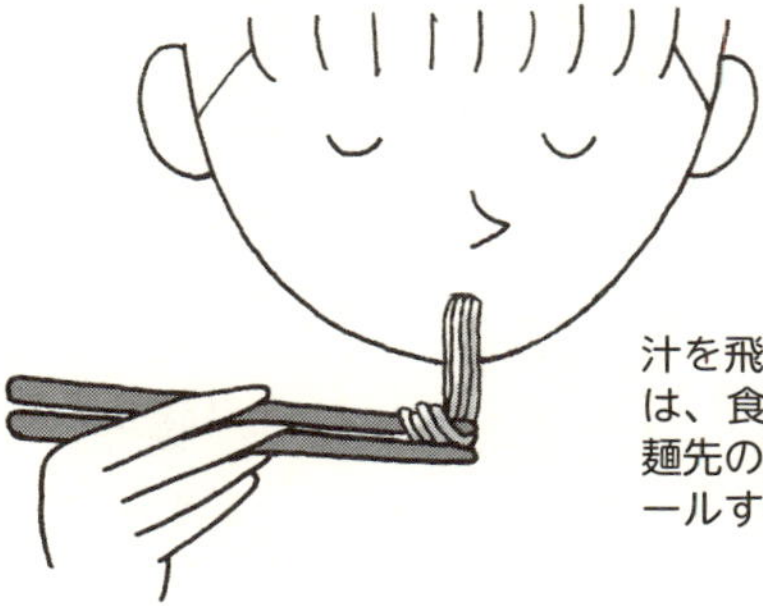

汁を飛ばさないためには、食べ終わりの際、麺先の動きをコントロールするのが重要。

ツウだけが知っている

七味を入れると味にメリハリがでる

普通のうどんを食べるときと同じように、七味をスパイスに入れると味が引き締まる。テーブルには置いていないが、スタッフに声をかければ持ってきてくれる。

れんげをそえてもOK。

商品紹介

天使のえび天カレーうどん
￥1470

クリーミーでスパイシーなスープと、社長こだわりのコシのある麺がベストマッチ。

九州じゃんがらに聞いた！

とんこつラーメンを楽しむ基本

麺の硬さを選べたり、様々なトッピングをのせたり、多様な食べ方ができるからこそ、もっともおいしい基本の食べ方も知っておきたい！

教えてくれたのは……
商品部長
増井孝彦さん

01 まずは麺を食べる

とんこつラーメンは「スープあっての麺、麺あってのスープ」。スープだけを飲むのではなく、麺を通してスープを味わうのが博多流。

商品紹介

九州じゃんがら ¥600

東京で九州系豚骨ラーメンが食べられる人気店。マイルド系のスープで、女性でも何杯でも食べられると人気。基本メニューの「九州じゃんがら」はとんこつ、鶏がら、たっぷりの野菜のエキスがブレンドされた、繊細かつマイルドな味わい。

02 替え玉を入れる

替え玉の魅力は麺のテクスチャー、風味の違いを味わうことにある。１杯目の麺はアツアツのスープにひたっており、ややわらかめだが、替え玉の麺は固めでコリコリした感触がある。

03 替え玉のタイミングでトッピングを投入

替え玉をする時には好みで辛子高菜、紅しょうがを入れれば新たな味が楽しめる。替え玉をしない場合は最後の三口くらいで、辛子高菜、紅しょうがを入れれば違った味わいを楽しめる。

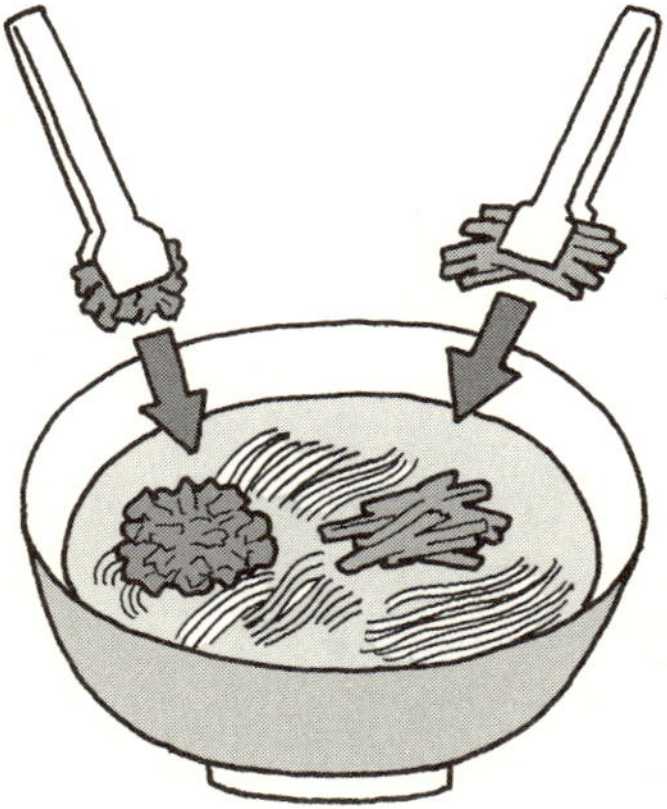

ビッグマン に聞いた！

佐世保バーガーの正しい食べ方

昭和25年頃、米軍佐世保基地海軍から伝わったレシピを日本人の口に合うようにアレンジし、広まった「佐世保バーガー」。約12㎝にもなる高さを上手に食べるコツとは？

教えてくれたのは……
ビッグマン 佐世保 京町本店
小倉盛義さん

「元祖ベーコンエッグバーガー」の食べ方

バンズ（パン）の間に6つのボリューミーな具が入った看板メニュー。

- 自家製ベーコン
- パティ(ハンバーグ)
- 卵(長崎県島原産 太陽卵)
- 玉ねぎ
- 完熟トマトのケチャップ
- オリジナルマヨネーズ(りんご酢使用)
- マスタード
- トマト
- レタス

01 ナイフ&フォークより、手を使う

ナイフやフォークで切り分けて食べるお店もあるが、『ビッグマン』では豪快に手で食べることを推奨。手が汚れることは覚悟しておく。

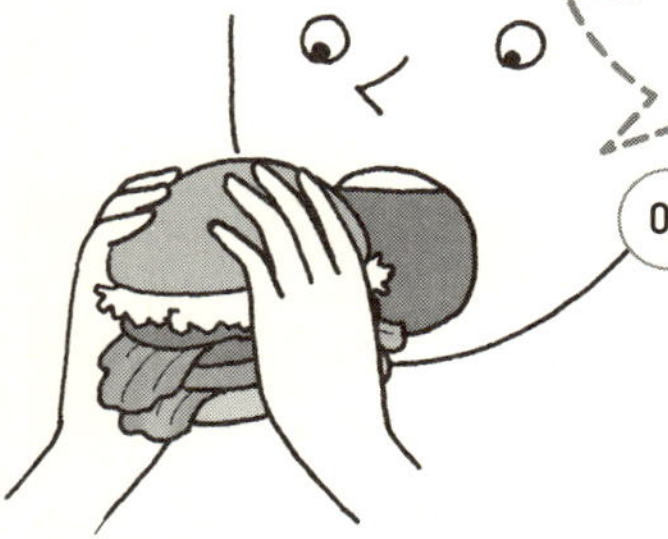

02 上から軽く抑え、傾けないで食べる

上から抑えて軽くつぶし、両手でハンバーガーの両端を持つ。そのまま口と平行な位置まで持ってきて、大きく口を開けて食べる。

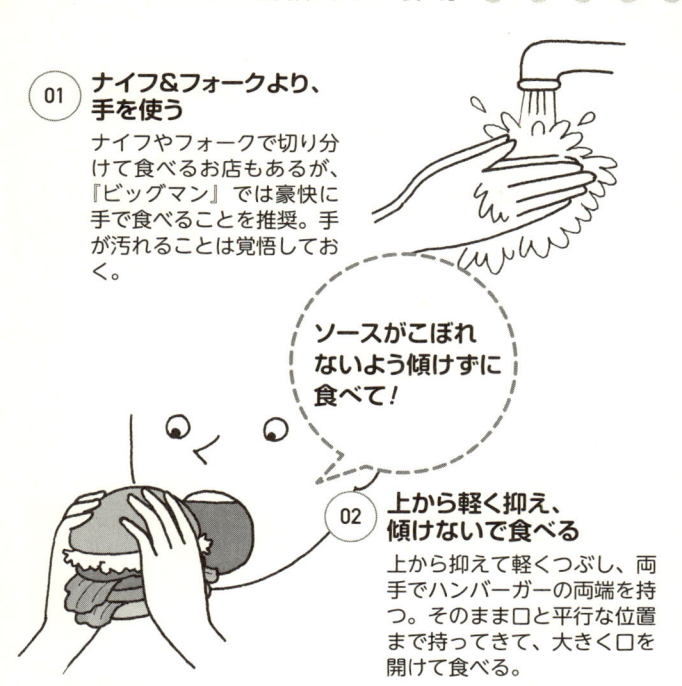

商品紹介

元祖ベーコンエッグバーガー
¥650

長崎に4店舗、群馬に1店舗を持つ、佐世保バーガーの老舗。桜の原木でスモークし延べ120時間かけて作った自家製ベーコンと、10数種類のオリジナルスパイスで肉のうま味を引き出したパティが自慢。

東京らっきょブラザーズに聞いた！

スープカレーをツウはこう食べる

スープカレーは、北海道は札幌で約40年前に誕生。スープカレー店の経営者やスタッフの多くが、ライバル店の味を見極める時に行うというプロの食べ方を伝授！

教えてくれたのは……
スパイス・ゴーゴー
イデ ゴウさん

01 ごはんに塩をかける

ほんの少し塩をかけることで、ごはんの味にメリハリがつく。するとスープカレーの味がよりわかりやすくなる。『東京らっきょブラザーズ』およびその姉妹店では、スタッフに「塩をください」と言えば持って来てくれる。

商品紹介

チキンスープカレー ¥980

平成14年、札幌で開店。その２号店として高田馬場にオープンしたスープカレーの名店。写真は、じっくり煮込まれたやわらかいチキンが１本丸ごと入ったお店いちばんの人気メニュー。

※写真はイメージです。

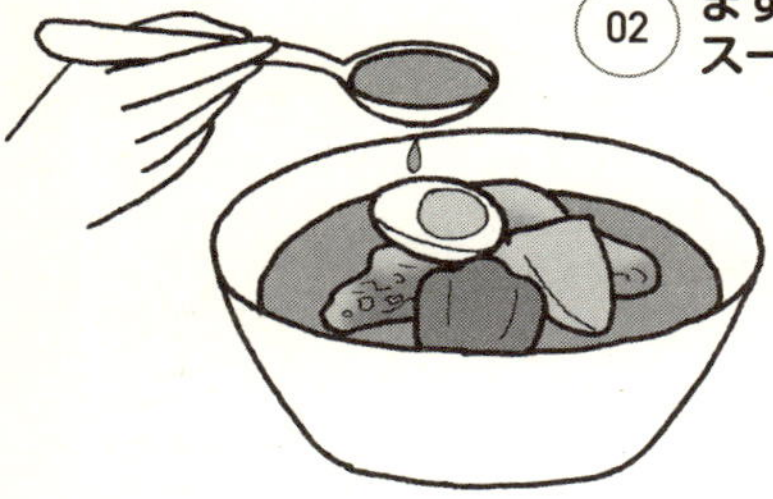

02 まずは、スープカレーを食べる

チキンなどの具にいきがちだが、まずはスープの味を堪能する。食材のうま味は、すべてスープにとけだしているため。

03 「口なおし」感覚でごはんを食べる

じつは、スープカレー好きな人ほど、スープはスープ、ごはんはごはんと、別々に食べる傾向があるとのこと。メインはあくまでスープで、カレーライスではない。01のごはんを食べて、口内をキリリとリセット。次に食べるスープの味わいを際立たせる。

ツウだけが知っている

お店の実力は野菜カレーで判断できる

スパイスで味付けされたベーコンやソーセージなら、味がしっかりしている分、たいがいハズレはない。逆にごまかしがきかないのが野菜スープカレー。淡白な野菜がスープのうま味を吸ってどう変化するか。そこが勝負どころ。

黄金屋に聞いた！ もつ鍋のおいしい食べ方

すっかりポピュラーになったもつ鍋。けれど、本当においしい食べ方をしている？ と問われれば…。もつ鍋のおいしい作り方から食べ方を知れば、今日から立派な鍋奉行!?

教えてくれたのは……
NAOC
広報･販促企画部
大釜詠子さん

01 卓上で再加熱する

「黄金屋特製もつ鍋（醤油風味）」はもつや豆腐、ニラが具材のオーソドックスなタイプ。キッチンで加熱調理してからテーブルに運ばれる。

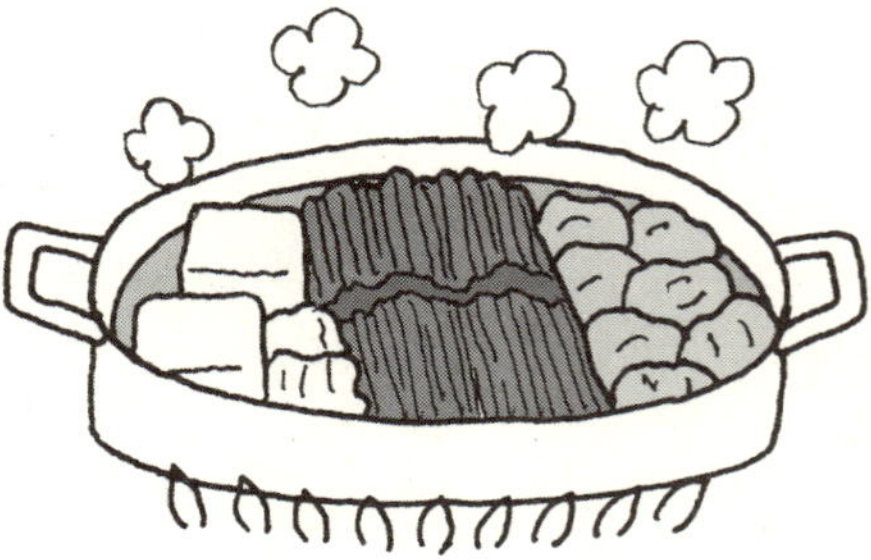

商品紹介

黄金屋特製もつ鍋
（醤油風味）￥1449

厳選された国産牛もつと有機野菜を使用した、素材のうま味を生かしたもつ鍋が人気。写真は博多の老舗店秘伝のしょうゆとだしが合わさったスープの、一年中人気のメニュー。

02 ニラがしんなりしてきたら食べ頃

具材のうち、加熱していないニラに火が通ったら食べ頃のサイン。

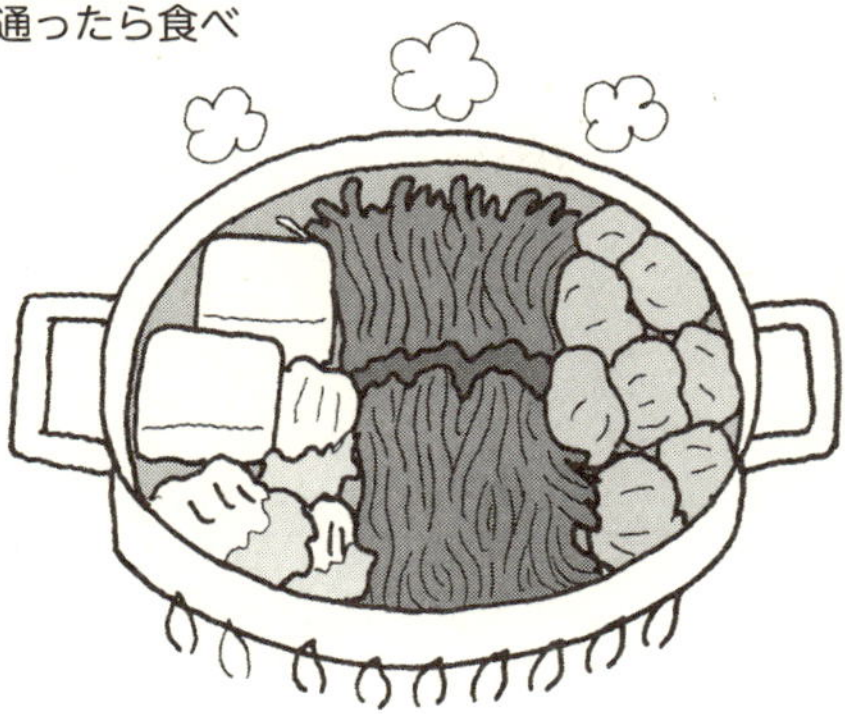

03 もつと野菜を一緒に食べる

もつ好きであれば、もつだけ食べたいところ。しかし、もつは野菜と一緒に食べてこそ味わいが増す。

04 ちゃんぽん麺で〆る

もつ鍋のスープには、ちゃんぽん麺がいちばん！というのも、ちゃんぽん麺はスープのうま味をよく吸うだけでなく、しっかり煮込んでも適度なコシが残り、濃厚なスープに負けない味わいがあるため。

麺をおいしくいただくためにも、もつや野菜のうま味がとけ出したスープは全部飲みきらず、ちゃんぽん麺を食べるときのために残しておくこと。

ツウだけが知っている

スープの味わいごとにおすすめの薬味

「黄金屋特製もつ鍋」は醤油風味と味噌風味の2種類。

◆醤油風味には…柚子胡椒

さっぱりとした醤油スープにはさわやかな香りと辛みの柚子胡椒がよく合う。

◆味噌風味には…島とうがらし

まろやかで味噌独特の甘みが特徴の味噌スープにはパンチのきいた島とうがらしの辛みがよく合う。

世界の山ちゃんに聞いた！

これが名古屋流手羽先の食べ方

いまや全国で大人気の手羽先。「手羽先の有名店は？」と聞くとその名が上がる『世界の山ちゃん』に、名古屋流のおいしい&きれいな食べ方を聞いた。

教えてくれたのは……
エスワイフード
企画 豊島 薫さん

手羽先のきれいな食べ方

ある“1か所”を攻めれば、想像以上に簡単に食べることができる

01 まずはイラストの点線部分をひねってちぎる

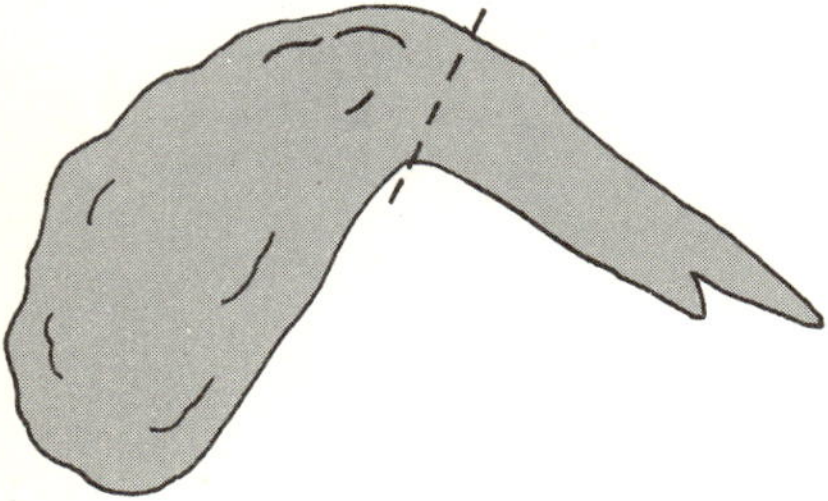

商品紹介

手羽先（5本）
¥420

全国に72店舗展開中。創業以来守り続けた秘伝のタレと、ピリリときいたコショウの味がクセになる。ビールが進む名古屋名物。

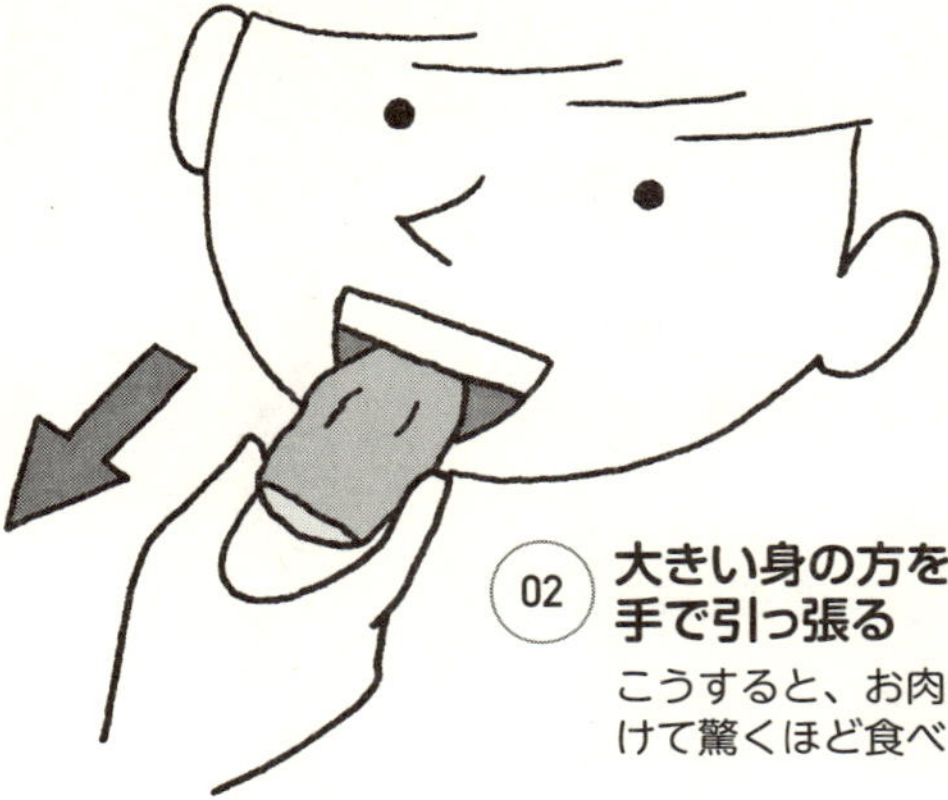

02 **大きい身の方を歯で挟んで、手で引っ張る**

こうすると、お肉がスポっと抜けて驚くほど食べやすい。

03 **骨に残ったお肉を食べる**

骨の周りの肉は身が締まっていておいしい。ここは残さず食べるのが『世界の山ちゃん』流。

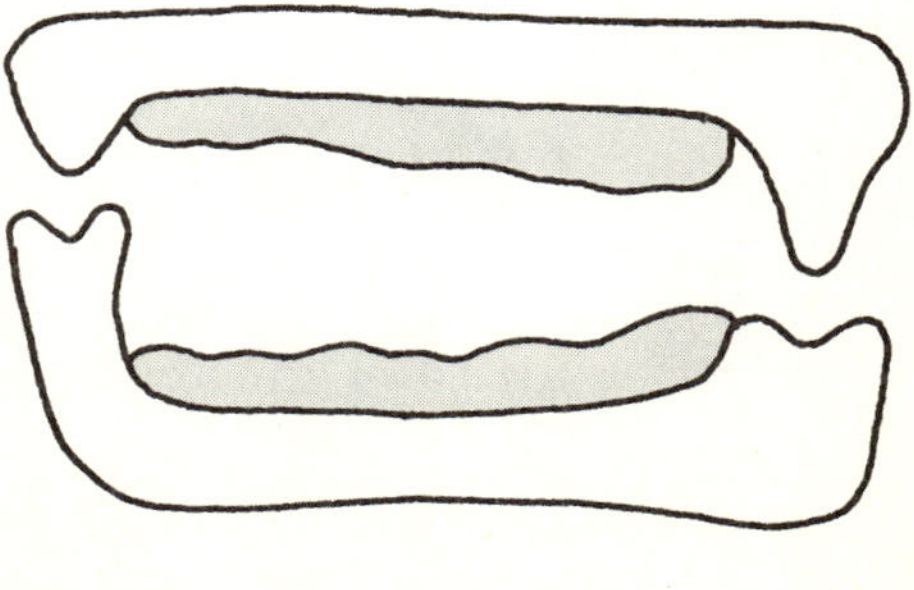

04　小さい身の方の皮とお肉も食べる

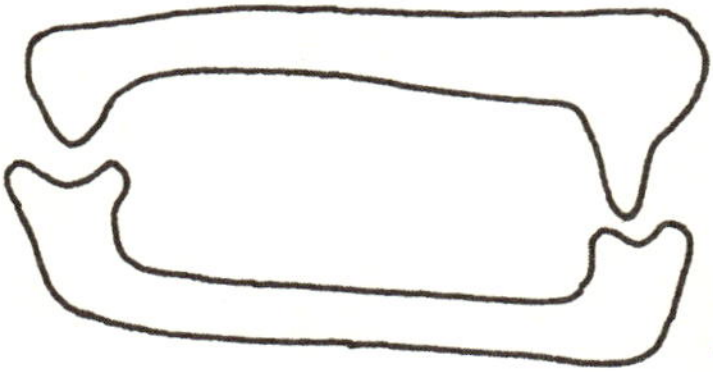

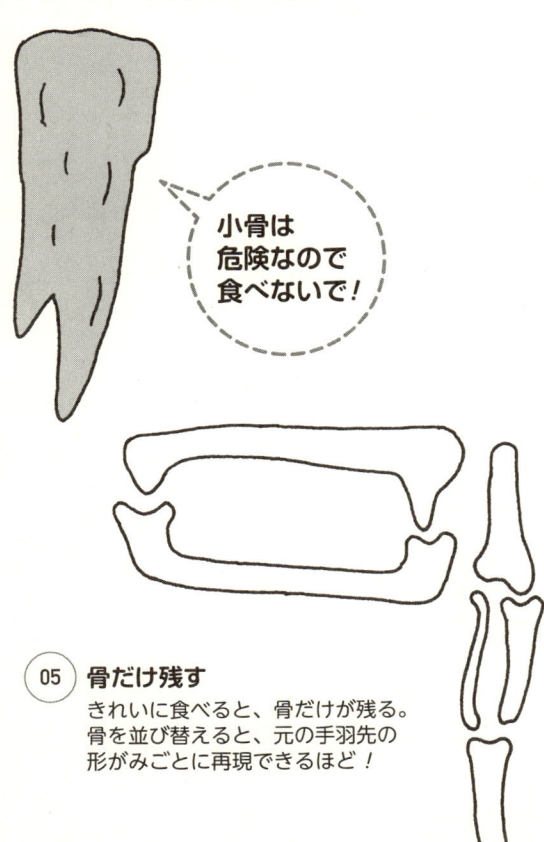

05　骨だけ残す

きれいに食べると、骨だけが残る。
骨を並び替えると、元の手羽先の
形がみごとに再現できるほど！

テイクアウト用の手羽先のおいしい食べ方

肉のジューシーさを閉じ込める温め方を紹介。
加熱方法次第で味に差がつく！

01 温める準備をする

オーブン用トレーにアルミ箔をしいて、平らなお皿に手羽先を均等に並べる

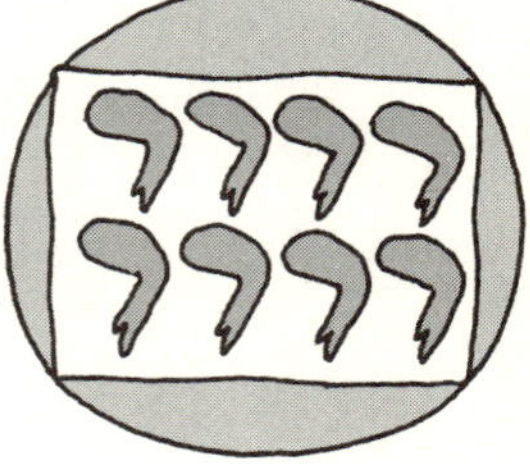

02 オーブンで1分間加熱する

あらかじめオーブンを温めておく（約1分程度）。その後、手羽先を入れて1分温める。

ツウだけが知っている

温めるときはオーブンがベスト

電子レンジは水分が飛んでしまい、お肉が固くなってしまうので、オーブンがおすすめ。オーブンレンジの場合は必ずオーブンに切り替える。

第2章

ちょっとの工夫で、味わい2割増し！

ツウだけが知っているおいしい食べ方

日清食品に聞いた！

冷たい麺とスープを味わう「ICEカップヌードル」の作り方

カップラーメン＝あったかいものという常識を覆す食べ方がブーム!? 氷を入れて麺とスープをヒンヤリ味わう話題の「ICEカップヌードル」、作り方の正解はこれだ！

教えてくれたのは……
広報部
増田　純さん

01 お湯を入れる

「カップヌードルライト」シリーズを用意し、熱湯180ml程度、麺と具がギリギリつかる量を注ぐ。

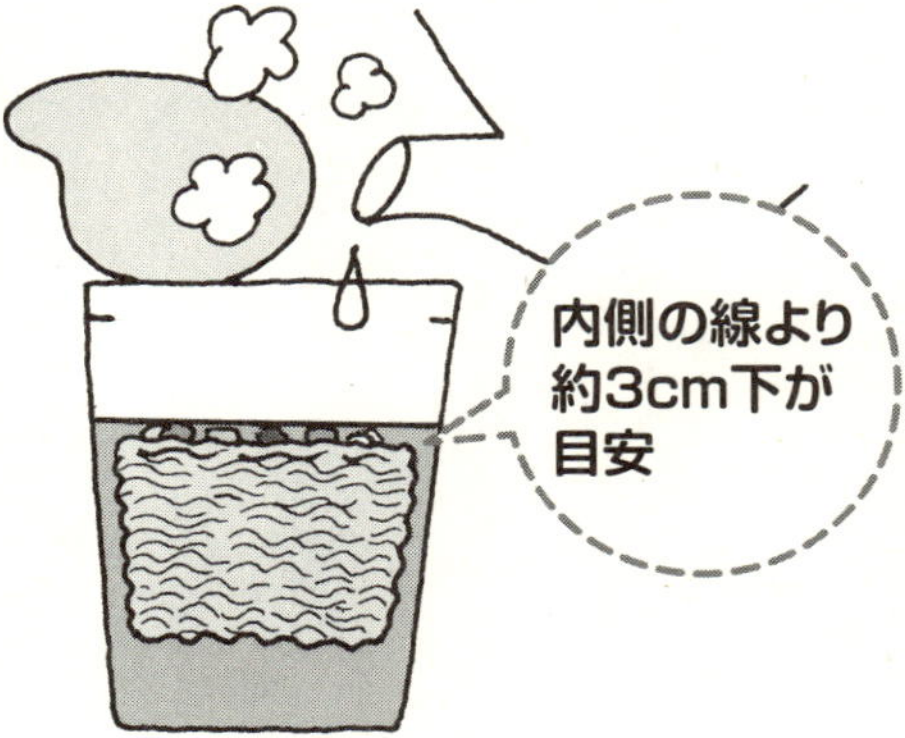

商品紹介

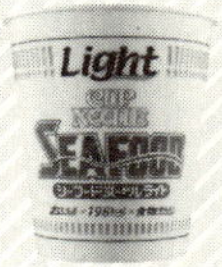

カップヌードルライト
メーカー小売価格 各￥178

あっさりした味わいで、女性からも人気。1食あたりのエネルギーは、各198kcal。ライトなのに満足度が高いので、ダイエット中にもおすすめ。他にカップヌードルシーフードヌードルライト、カップヌードルカレーライト、カップヌードルチリトマトヌードルライトの全4種類。

02　30秒後に一度かき混ぜさらに2分30秒待つ

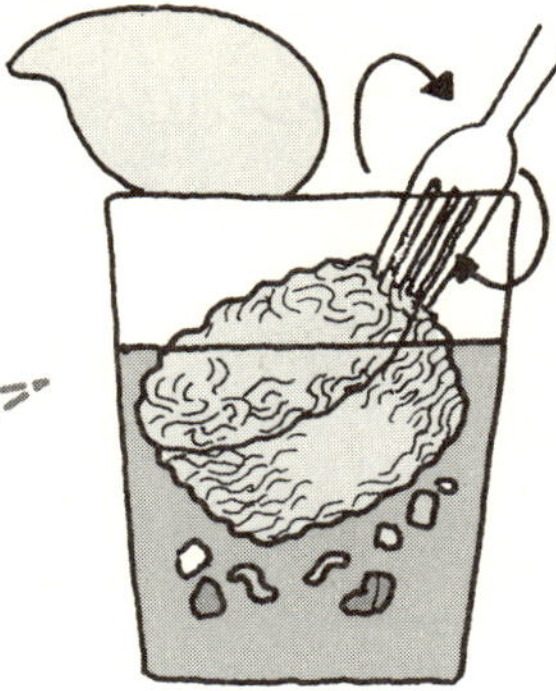

03　**氷を入れてよくかき混ぜて、できあがり**

氷（180g）が麺の下に沈むように、よくかき混ぜる。こうすることで、氷がとけやすく早く冷やすことができる。

ツウだけが知っている

裏技！ 牛乳を使ったICEミルクカップヌードル

01のような作り方で「カップヌードルライト」を調理し、氷の代わりに、製氷皿で牛乳を凍らせた「ミルク氷」(180g)をイン。冷たくてクリーミィな味わいに！　このアレンジは、シーフードライト、もしくはカレーライトがおすすめ。

冷蔵庫の自動製氷機に、直接ミルクを入れないでください。
機械の故障や破損、製氷機の菌汚染の原因になる恐れがあります。

グリコ乳業に聞いた！

新食感「凍らせプッチン」の楽しみ方

2013年夏、グリコ乳業では「プッチンプリン」を凍らせて味わう「凍らせプッチン」を提案。アイスバーでいただく楽しさ、ありそうでなかった食感を味わいたい。

教えてくれたのは……
総務部総務グループ
高木恵美さん

01 プッチンプリンにバーを差す

持ち手にするためのバーは、スプーンやお箸でOK。フタをはがして、真ん中に差し込む。

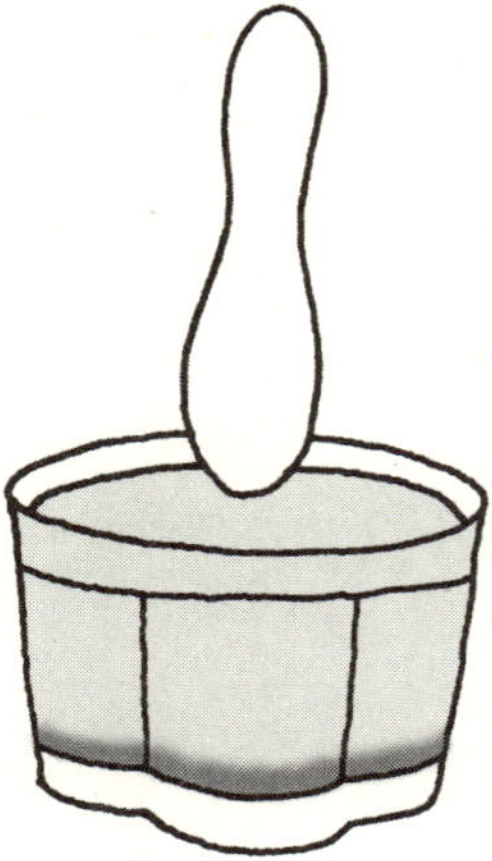

商品紹介

プッチンプリン（3個パック各75g）
メーカー小売価格 ¥200

ミルクと練乳の風味とプルルンとした食感が、子供から大人まで幅広い世代に人気。

02 冷凍庫で凍らせる

プリンがしっかり中まで凍っていないと、バーが抜けてしまうので注意！

冷蔵プリンには
なかった
さっくり、もっちり
とした食感！

03 「プッチン」して カップを抜き取る

手のひらで「プッチンプリン」のカップを包み込むようにして温めると、抜き取りやすい。

アンデルセンに聞いた！

パンのおいしさをキープする保存のコツ

朝食におやつに、便利なパン。いつでもおいしく食べられるよう保存しておく方法とは？その答えはちょっとした冷凍のコツにあった。解凍方法と合わせて知っておくと便利。

教えてくれたのは……
ブレッドマスター
石山真由美さん

01 冷凍する前に一度に食べ切れる量に小分けにする

冷凍、解凍をくり返すと味も落ちてしまうため、一食分ずつスライスするなどして、小分けに。冷凍して、食べる分だけその都度解凍する。

お店紹介

アンデルセン

1967年広島で誕生。デンマークの童話作家H.C.アンデルセンの童話が世界中の人々に夢と希望を与えたように、パンのある食卓を通じて豊かな暮らしを届けたいと命名。「ブレッドマスター」はアンデルセンの社内資格で、パンのソムリエのような存在。

02 1食分ずつラップで包む

パンの保存に乾燥は大敵。冷凍庫内は意外に乾燥しているので、必ず1食分ずつラップで包むこと。ロールパンなどは1個1個ラップで包む。

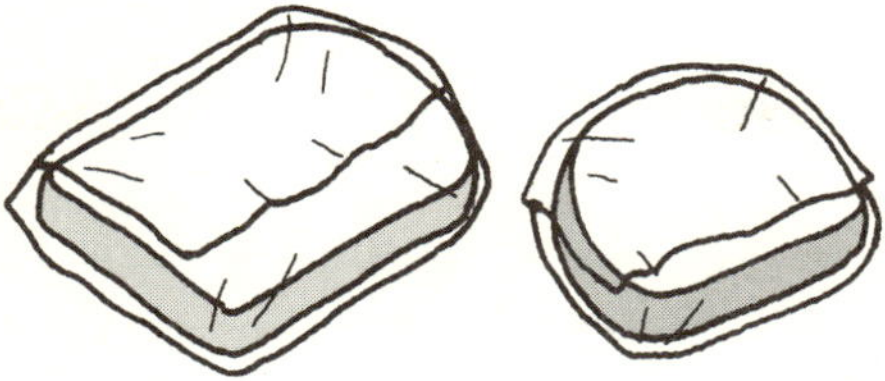

03 ジッパー付きのビニール袋に入れて冷凍庫に入れる

ジッパー付きのビニールに入れることで、さらに乾燥を防止。また冷凍庫にはいろいろなものが収納されているので、においが移るのも防ぐ。

ツウだけが知っている

保存は冷蔵庫ではなく冷凍庫に

パンを保存する際は、すぐに冷凍保存するのがおいしさを保つコツ。2週間を目安に食べきるのがおすすめ。冷蔵庫はNG！　冷蔵庫の温度帯（5℃）はパンがいちばん老化しやすい温度。パンの中の水分が庫内で蒸発して乾燥が進み、パサパサになってしまう。

冷凍保存したパンを加熱する方法

閉じ込めたおいしさをよみがえらせるにはちょっとしたコツが必要。このひと手間で仕上がりが全然違う！

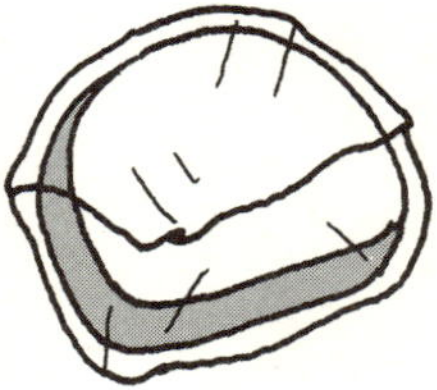

01 常温で2～3時間おき、解凍させる

ラップをかけたまま常温で。薄くスライスしたものであれば、そのままトーストしてもOK。ロールパンや厚いパンは凍ったままトーストすると中まで火が通らず、中だけ凍ったままになりかねない。

02 霧吹きで水を少しパンに含ませる

霧吹きがない場合、水をつけた手でパンの表面を軽くぬらしてもOK。

外はカリッ、
中身はフワッ
と仕上がる

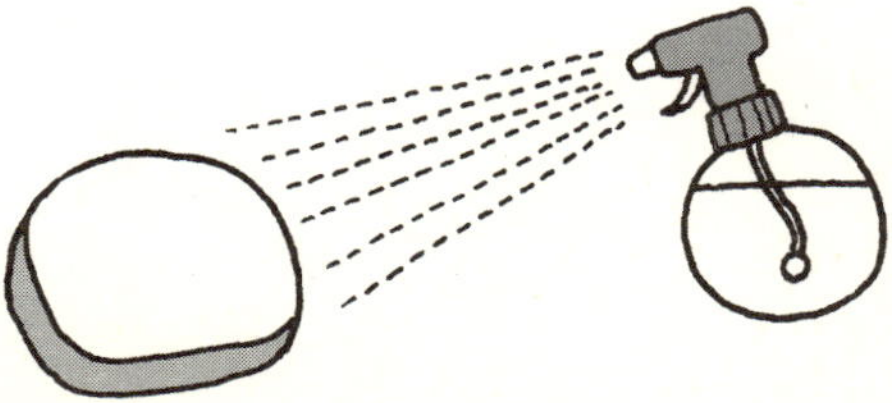

03 オーブントースターで加熱

トースターはあらかじめ温めておくこと。冷たいトースターの中にパンを入れると、庫内の温度が上昇する前にパンが乾いてしまう。

04 パンの種類によってはアルミホイルをかける

厚みのあるパンや油脂、砂糖を使ったパンは、ある程度焼き色がついたらアルミホイルを。そのままだと表面だけ焦げてしまう。

新宿高野に聞いた！

じつは知らない、フルーツのおいしい切り方&味わい方

甘み、酸味、香りのバランスがフルーツのおいしさを決めている。けれど、食べ方によって左右されるとしたら…。フルーツのおいしさを１２０%味わえる食べ方とは？

教えてくれたのは……
フーズ営業部
販売企画課 広報担当
久保直子さん

オレンジ・グレープフルーツなどの場合

手で外皮をむいたところ汁が飛び散った経験はないだろうか？　周囲を汚さず、かつ柑橘類をおいしく食べる方法を紹介。

01 放射線状にカットする

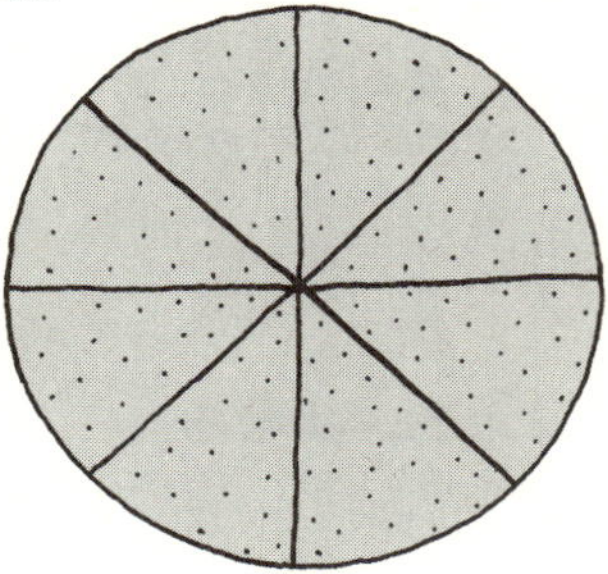

02 芯を切り取る

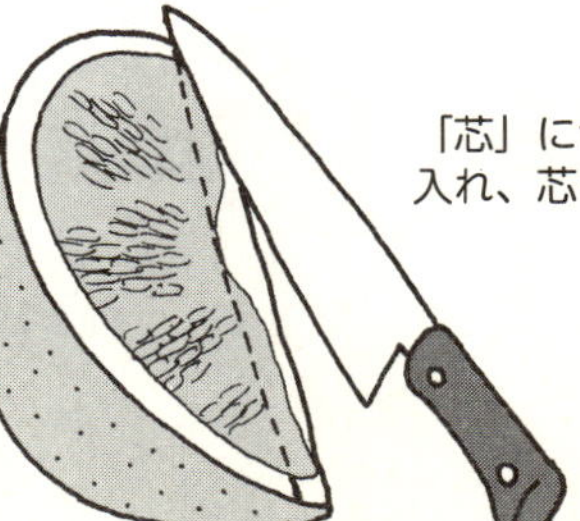

「芯」にナイフを入れ、芯を外す。

03 くし型に切り、外皮を取り除く

まな板にくし型に切った果肉を置き、皮と果肉の間にナイフを差し入れ、皮を取り除けばできあがり。

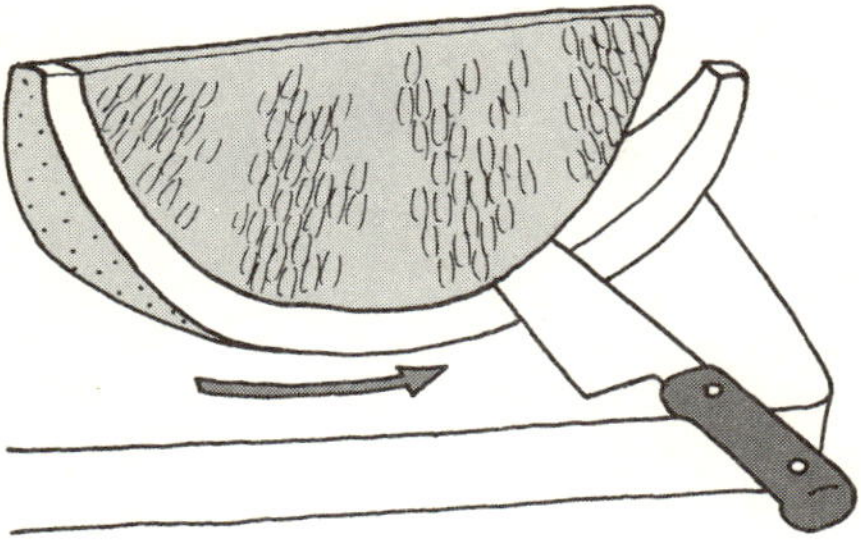

りんご、なしの場合

外見は同じような形をしているが、芯の取り除き方に違いあり。その方法とは？

りんご

芯の部分をV字型に切り取る

中央部分だけをカット。種の周りさえしっかり取り除けばOK。

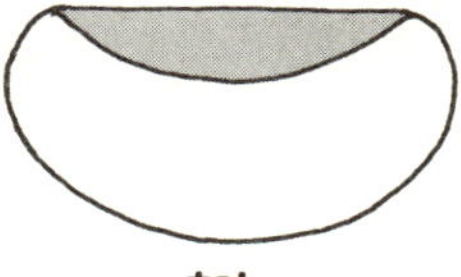

なし

芯の部分を大きめに取る

なしの果芯部はりんごよりも渋味が強いので、芯の左右のV字型の切り込みは、大きめに。

桃

桃の皮は薄いので、丸いままでむくより、半分に切ってからのほうがむきやすい。

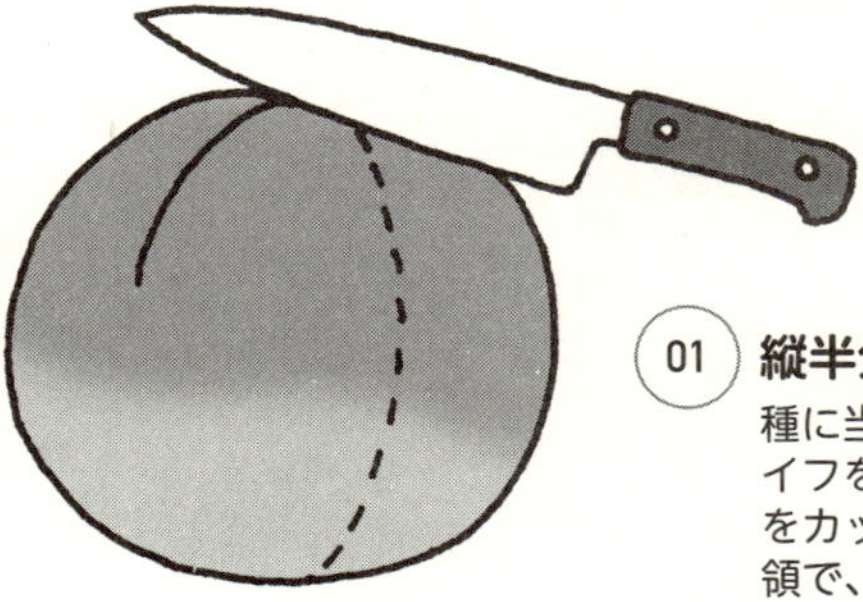

01 縦半分に切る

種に当たるまで縦にナイフを入れ、アボカドをカットするときの要領で、種のまわりをぐるっと１周させながら２分割する。

02 種を取り除く

種のまわりにナイフの切りこみを入れて、種をはずす。

03 くし形に切り、皮をむく

皮の部分をまな板に当て、左に傾けながら、実と皮の間にナイフをすべらせるようにして皮を取り除く。

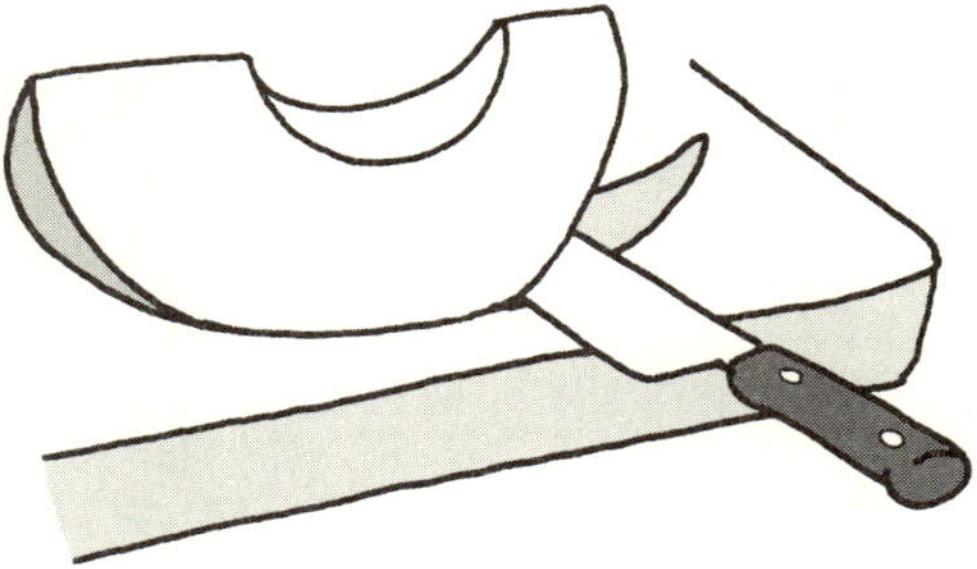

ツウだけが知っている

切ったフルーツの変色を防ぐには、アスコルビン酸がおすすめ

リンゴなど、すぐに変色してしまうフルーツにはアスコルビン酸を溶かした水にさらすと◎。よく言われる塩水やレモン水は、変色は防げるがフルーツの味が若干変わってしまう。

スイカの浅漬け

普段は捨ててしまいがちなスイカの“あの部分”がおいしいおかずに早変わり！

01 スイカの白い部分を用意する

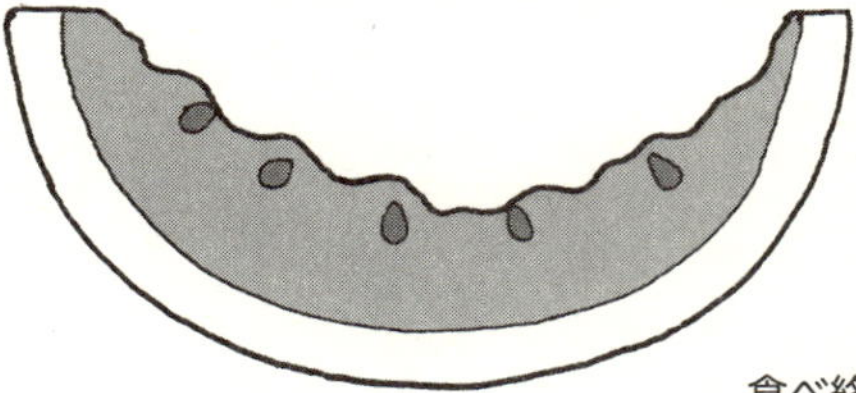

食べ終わったスイカから、外皮をそぐようにして白い部分だけを切り取る。

02 ⓪①を拍子切りにする

食べやすい大きさでOK。

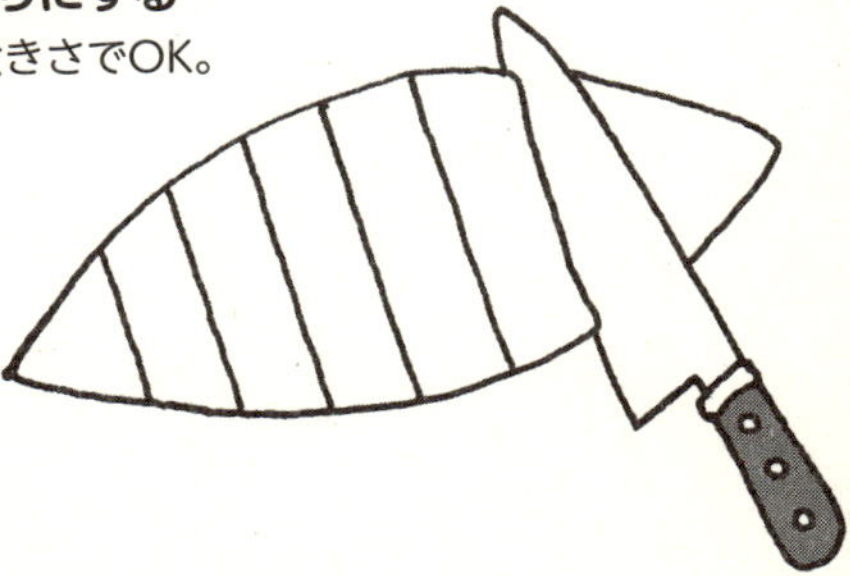

03 味付けをする

甘酢と少量の粉末だし（浅漬けの素でもＯＫ）に２〜３時間漬け込み、冷やせば完成。

いちごのフレンチドレッシング

市販のフレンチドレッシングでと少量のフルーツで、野菜に会う爽やかドレッシングが完成。いちごを例に紹介！

01 いちごをつぶす

ジッパー付きビニール袋にヘタを取ったいちごを2、3粒入れてしっかりつぶす。

02 フレンチドレッシングを入れる

⓪①に市販のフレンチドレッシング（大さじ2)、少量のオリーブオイル、塩、こしょうを入れて混ぜる。

03 サラダにかける

フルーツの甘さと香りが爽やかなドレッシングが完成。ぶとうや桃で作ってもおいしい。

ツウだけが知っている

いちごはヘタのほうから食べるとおいしい

いちごはヘタをつまんで、先端から食べてしまいがち。しかし、おいしく食べたいなら、ヘタのほうからが正解。というのも、先端側のほうが糖度が高く、ヘタ側を最後に味わうと酸味が際立ってしまうため。

商品紹介

季節のフルーツ盛り合わせ ¥2625

『新宿高野』は創業128年の老舗フルーツ専門店。直営のフルーツパーラーでは、写真の「季節のフルーツ盛り合わせ」ほかフルーツパフェなどフルーツを中心としたメニューが楽しめる。

丸亀製麺に聞いた！「釜玉うどん」のツウな食べ方

『丸亀製麺』は、自分の好みに合わせてカスタマイズできるのが人気の秘密。今回、「釜玉うどん」を〝1食で2種類の味を楽しむ〟という社長直伝の食べ方を教わった。

教えてくれたのは……
トリドール 広報部
深堀俊輔さん

釜玉うどんの食べ方

「釜玉うどん」は水気を切った熱々の釜揚げうどんに、卵の黄身をのせていただく人気No.1メニュー。

01 醤油をまわしかける

2周半するくらいの量がちょうどいい。薄味が好きな人は少なめに。

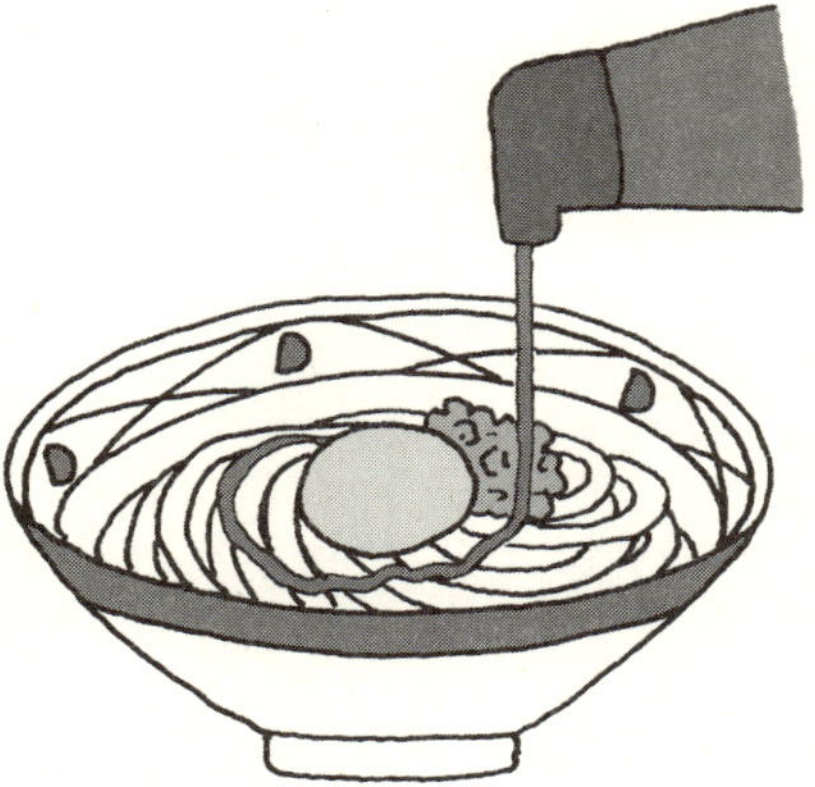

02 **熱々のうちにしっかり混ぜる**

黄身をくずし、麺全体にからむように。

しっかり混ぜる!

商品紹介

釜玉うどん（並）￥330

セルフ方式の讃岐うどん専門店として、2000年11月兵庫県加古川市に1号店をオープン。現在では、全国700を超えるチェーン店を展開。そのすべてで小麦粉から麺を作っている。一度食べたらやみつきに。

03 半分まで食べたら、「出汁サーバー」から熱いだしを入れる

だしの量はお好みで。卵がだしの高温でほどよく固まり、途中からまろやかな味わいの“玉子とじうどん”に。

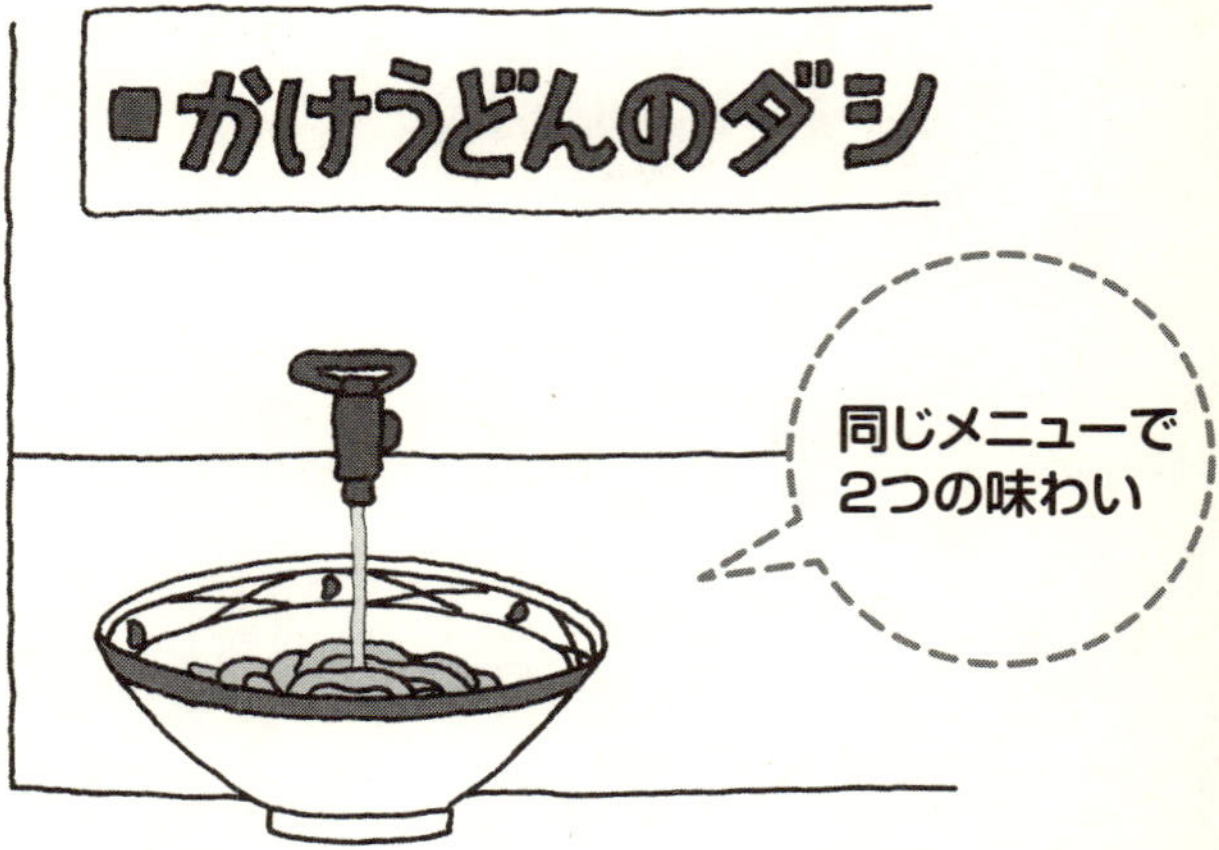

ツウだけが知っている

「出汁サーバー」活用法

熱いだし汁が出てくる「出汁サーバー」は、天ぷらやごはんなど、さまざまなうどん用トッピングがおかれたコーナー脇に設置されていることが多い。トッピング、天かす、ごはん、ねぎ、しょうがをのせ、だしを注いで作る「出汁茶漬け」もおすすめ。
※「出汁サーバー」はない店もあります。

ユーハイムに聞いた！ バウムクーヘンにはおいしい切り方がある

優しい味わいで子供から大人まで大人気のバウムクーヘン。じつは切り方次第で、おいしさに差がでるのをご存知だろうか？　おいしく味わうための切り方の極意とは…。

教えてくれたのは……
製菓マイスター
吉賀幹大さん

01 ナイフを斜めに入れ、薄くすくいあげるように切る

バウムクーヘンの年輪に対し、垂直に切り目を入れるのがよくある切り方。しかし、おすすめはいわゆる“そぎ切り”のような切り方。断面の面積が大きくなり、香りが際立つだけでなく、薄くなめらかな口当たりを楽しめる。

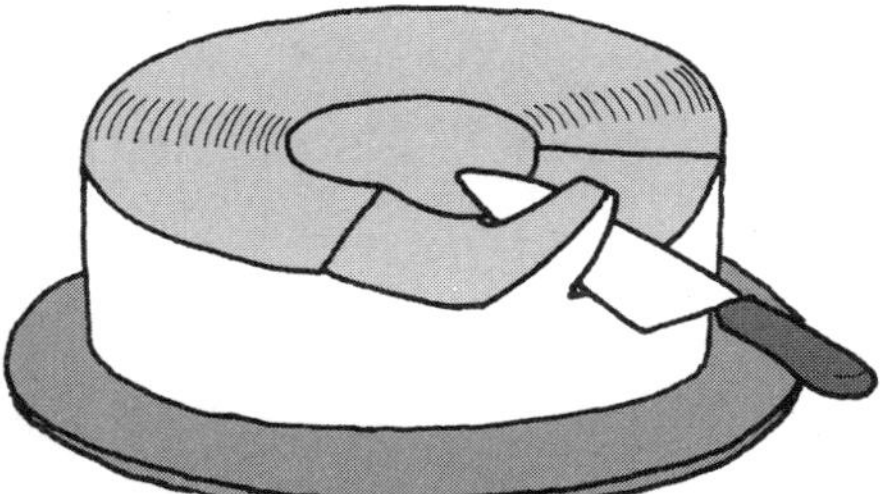

商品紹介

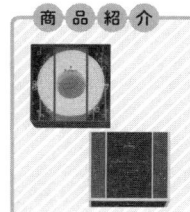

バウムクーヘン30（660g）
￥3150

ホワイトチョコレートがコーティングされたまろやかな味わいとしっとりとした口どけ。

02 お皿に盛りつける

1人分2切れ程度を目安に。曲面を上にすると見栄えがきれい。

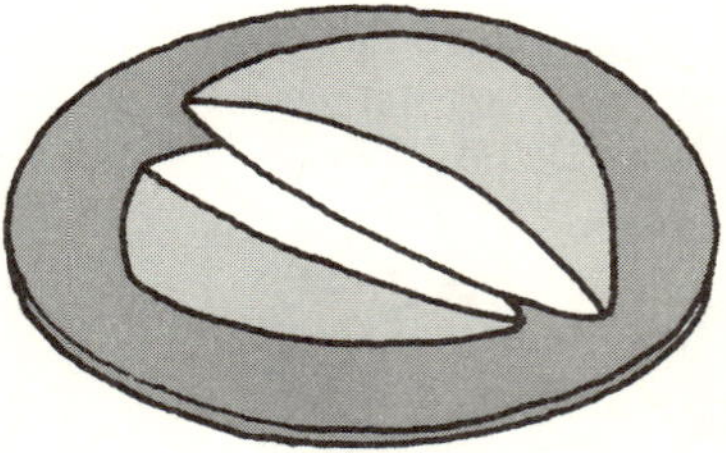

ツウだけが知っている

シンプルな味わいだからこそ、ちょい足し次第でさまざまな味わい！

◆泡立てた生クリームをのせる

バウムクーヘンの味わいを引き立てるために、低脂肪の生クリームを泡立てて、砂糖を加えずにバウムクーヘンに添えると、より一層おいしく食べられる。

◆フルーツソース（ジャム）をのせる

アプリコットやベリー系など、酸味のあるフルーツソースとも相性◎。1人分2切れに大さじ1くらいを目安にのせる。

さらにこんな食べ方も

ワインと合わせたり、温めたり…さらにツウな方法を紹介。

軽く温めてもOK

電子レンジで20 ～ 30秒くらい温めると、卵の香りが引き立ち、焼きたてのようなふんわりとした食感に。長時間加熱すると固くなってしまうので注意。

白ワインと合わせて大人スイーツに

意外に相性が良いのがワイン。ドイツ産のアイスワイン（凍った完熟ぶどうから作られるデザートワイン）などの、甘口のワインともよく合う。ちょっとしたおつまみにもなる。

UCC上島珈琲に聞いた！

フルーツとコーヒーは合うのか問題

『UCC上島珈琲』ではコーヒーと季節の果物で作るアレンジコーヒーレシピが充実。コーヒーとフルーツが、じつは相性がよい理由とは。新しいコーヒーの味わい方を紹介。

教えてくれたのは……
マーケティング本部
嗜好品開発部
伊藤佳世さん

バナナコーヒー・スムージー

材料を入れてミキサーにかけるだけ。コーヒーの香りとまろやかなバナナの味がベストマッチ。小腹がすいた時に。

材料

- ホットコーヒー液……………80cc
- 牛乳…………………………100cc
- バナナ（冷やしておく）……１本
- コンデンスミルク……………20g
- レモン汁………………………少々
- ガムシロップ…………………13g

ツウだけが知っている

コーヒーとフルーツの風味はじつは似ている！

コーヒーのペアリング（他の食材と組み合わせること）の基本は「似たもの同士を合わせる」こと。強い個性は和らぎ、各食材に潜む第２、第３の味わいが生まれる。コーヒーとフルーツは相性がよく、相乗効果がある。

ミキサーに材料を入れ、混ぜ合わせる

全体がムラなく混ざったら、できあがり。氷を入れたグラスに注ぐ。

コーヒーパインスムージー

パインと相性のよいチョコレートが加わり、味わい豊かになったコーヒー・スムージー。

材料

- アイスコーヒー液……………75cc
- お湯……………………………70cc
- チョコレートソース…………50g
- パインスライス………………１枚
- 氷………………………………300g
- ガムシロップ…………………適量

商品紹介

UCCゴールドスペシャル
アイスコーヒー（粉350g）
メーカー希望小売価格・オープンプライス

アイスコーヒー専用のレギュラーコーヒー。家庭で本格的なアイスコーヒーが楽しめる。

ミキサーに材料を入れ、混ぜ合わせる

全体がムラなく混ざったらできあがり。お好みでパインスライス（材料外）を飾る。

チェゴヤに聞いた！

石焼ビビンバの焦げ目をつける極意

石焼ビビンパの醍醐味はおこげにあり。効果的にごはんに焦げ目をつける方法は、ビビン（混ぜる）パ（ご飯）という名の通り、〝しっかり混ぜる〟ことにあった。

教えてくれたのは……
広報
金澤良一さん

01 コチュジャンを入れてから混ぜはじめる

コチュジャンの量はお好みで。入れてから混ぜたほうが、ごはんに焦げ目がつきやすくなる。とにかくよく混ぜる。

02 石鍋にごはんを焼きつける

鍋肌にごはんを広げるように。
約２分おいてから食べる。

商品紹介

石焼ビビンバ
¥900

コチュジャンベースに
秘伝のたれをブレンド。
ナムルにもよく合うと
評判。

さらにパリパリにしたい人は

03 もう一度よく混ぜる

少し味見をして、辛みが足りなかったらコチュジャンを加えてもいい。

04 再びごはんを石鍋で焼きつける

こげ目がついてないところを優先的に。約2分おき、食べる。

メルシャンに聞いた！ ワインのおいしさを長持ちさせるコツ

「コルク栓がうまく開けられない」「1本飲みきれるか不安になる…」などなど、おいしいワインの選び方・飲み方以前の疑問を直撃。もっと気軽にワインを楽しめる！

教えてくれたのは……
キリン株式会社CSV本部
コーポレートコミュニケーション部
広報担当 河田隆昭さん

失敗しない コルク栓の開け方

スクリューキャップも増えているが、未だ悩み多いコルク問題。普通の栓抜きで上手に開ける方法とは？

01 栓抜きをさす

コルクの中央に栓抜きの先端を当て、コルクと栓抜きが垂直になるように。

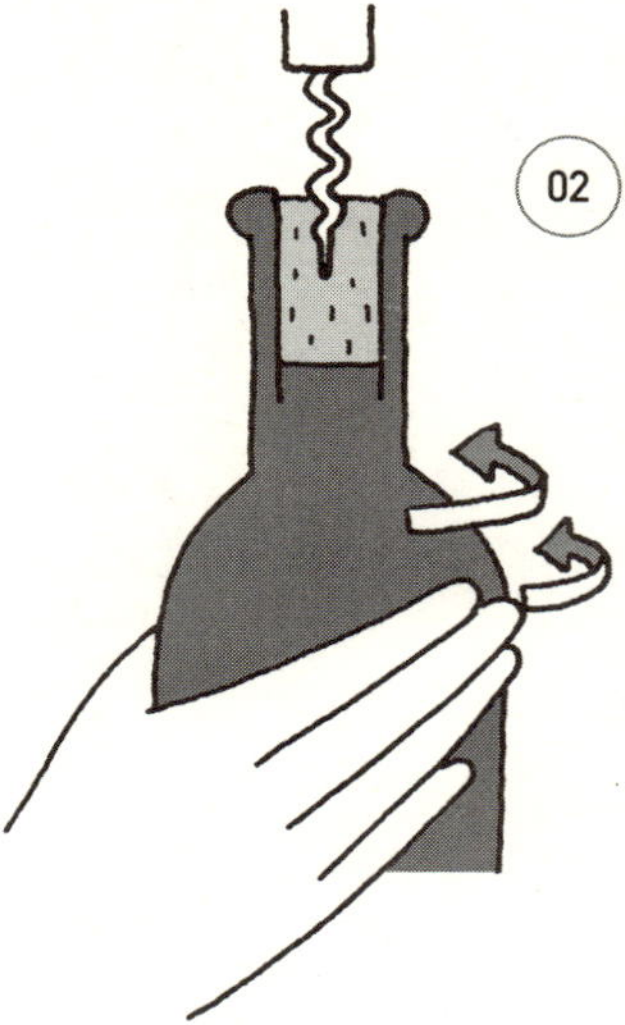

02 ボトルを少しずつ回してコルクを抜く

栓抜きを回してしまいがちだが、ボトルのほうを回すとまっすぐ入る。

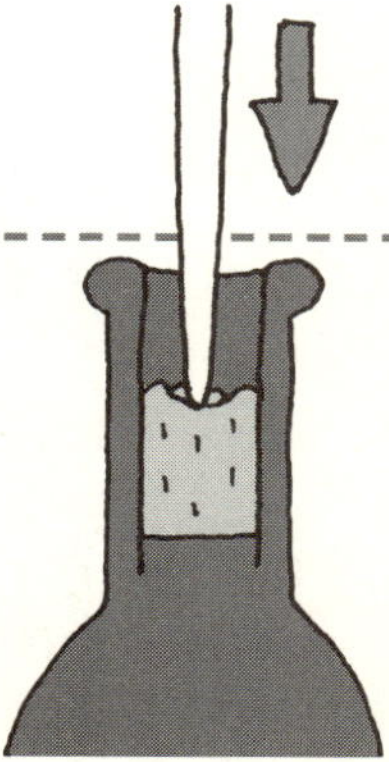

ツウだけが知っている

コルクがボロボロになったら仕方ないのでボトルの中に落とす

コルクが混ざっても味は変わらないし、体に害もない。ただワインの口当たりがザラついてしまうのは残念なので、飲む前に一度漉すのがおすすめ。

飲みかけワインの保存方法

ワインはデリケートな飲み物だが、開栓した後でも空気に触れないようにすれば１週間程度なら保存が可能。ちょっとした工夫でおいしさをキープできる。

小さめのペットボトルなどに移し変える

残ったワインの量と同じくらいの大きさの密封容器（ペットボトルなど）に移し変えておく。空気に触れる部分が少なくなり、次回においしく飲める。

しっかり栓をしめるだけで、充分よい状態で保存できる

開栓した当日より味や風味はやや落ちるが、ワインは１週間程度なら保存が可能。アルコールやタンニンが入っているためで、「開けた当日に飲む」ことにこだわらなくても大丈夫。ただし、なるべく空気に触れさせないのが条件。

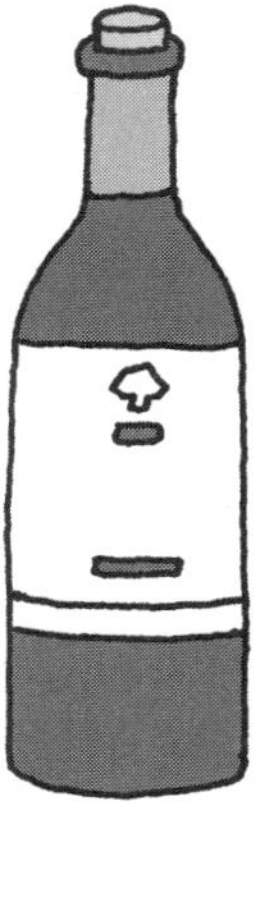

商品紹介

フランジア スイーティーレッド（750ml）想定価格 ¥600

フルーティでまろやか、やさしい甘さのカリフォルニア生まれの鮮やかな色の赤ワイン。

じゃんぼ焼鳥 鳥貴族に聞いた！

焼鳥をおいしく味わえる注文方法

焼鳥は串から食べるか？　はずして食べるか？　どんな順番で注文するのが正解か？　いろいろな部位や味を楽しみながら、最後までおいしく食べるコツを紹介。

教えてくれたのは……
常務取締役
青木繁則さん

味の濃いものから、さっぱりしたものの順番で

意外にも、味の濃いたれ焼き、脂の多い皮などから食べるのがポイント。その後、ポン酢風味、塩焼きへ。味を変えるタイミングや串と串の間にキャベツ（生）で小休止すると、口の中がサッパリして、いつもおいしく食べられる。

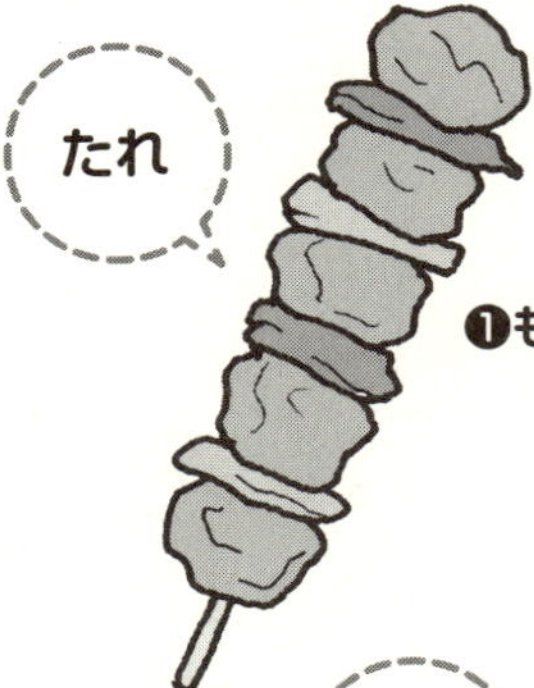

❶もも貴族たれ

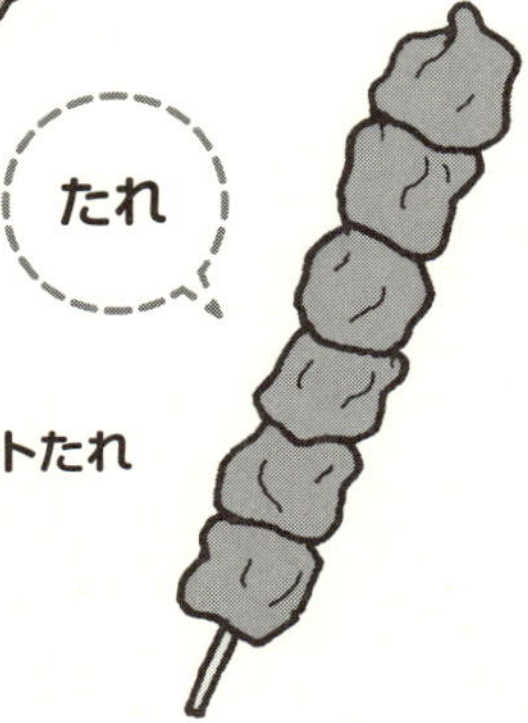

❷ハートたれ

❸キャベツ

❹皮塩

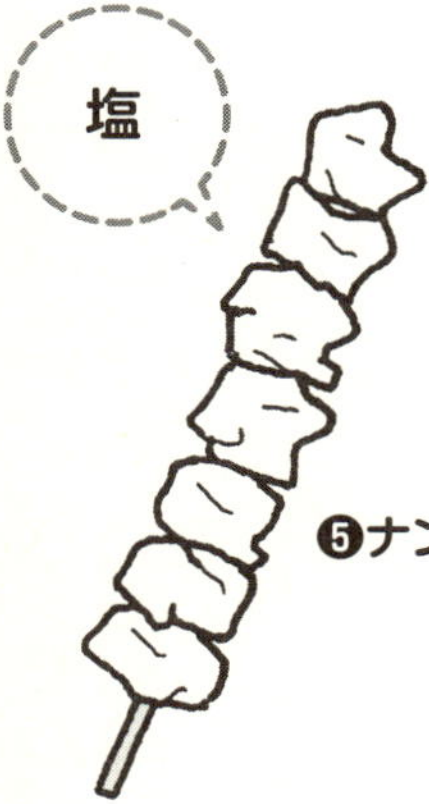

❺ナンコツ塩

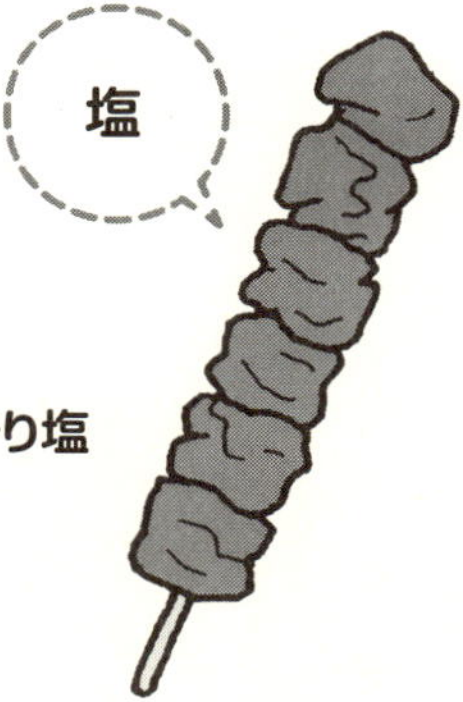

❻砂ずり塩

串を持ってそのまま食べる

串物は串に刺してあるのが特徴の料理。串からダイナミックに食べて欲しいのが店のホンネ。料理はなるべくその作られた形を尊重して食べたい。

外して食べる場合…

とはいえ、その場の雰囲気というものもあるので、複数でシェアするときは安全に串から取り外したい。

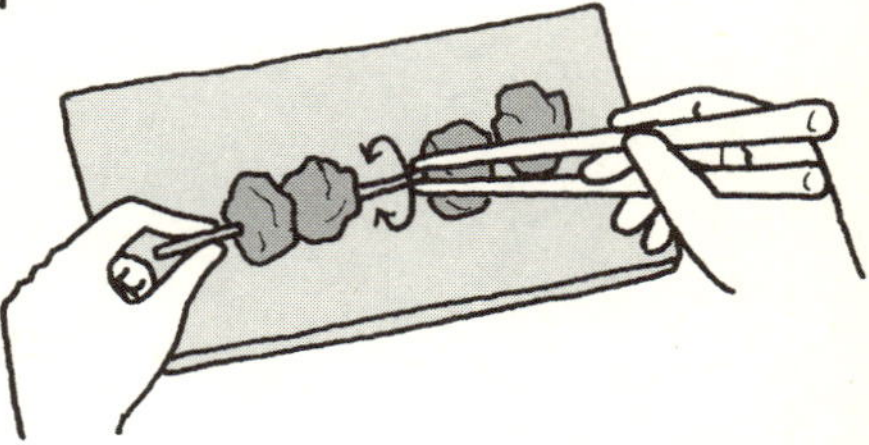

コツ1

串からいっぺんに外そうとしない

片手で串を押さえ、もう一方の手でひとつひとつ肉をはずす。全部いっぺんに抜くのはNG。

コツ2

硬い部位は串を回転させながら

砂ずり、ナンコツなどの硬い部分の焼鳥は、1、2個を箸で抑え、串のほうを回転させながら外す。

ツウだけが知っている

焼鳥の種類を知ってもっとおいしく味わう

◆**もも**
程よい食感とジューシーさで人気No.1。

◆**むね**
適度にやわらかく、脂が少なくヘルシー。

◆**ハート**
程よい脂とコク、コリコリとした食感。

◆**皮**
程よい脂がありながらも、パリっとした食感が楽しめる。

◆**せせり**
鳥首肉。よく動く部位なので適度な歯ごたえとうま味が濃厚。

◆**砂ずり（砂肝）**
餌をすり潰す内臓器官。歯ごたえがあり、高タンパク低脂肪。

◆**三角（ぼんじり）**
尾の付け根の部分。脂が多くジューシー。

商品紹介

「28とりパーティ」プラン ¥2940

国産の新鮮鶏肉を使用した焼鳥は、1本294円の統一価格。女性が入りやすい雰囲気も人気。8名以上のプラン、『28とりパーティー』は2時間飲み＆食べ放題でひとり2940円！

第3章

作り方しだいでこんなに味が変わるなんて！

プロの味を再現できる!? イチオシの調理法

日清食品に聞いた！

「日清ラ王 袋麺」の見た目もおいしい作り方

“まるで生めん”のようなおいしさで人気の「日清ラ王」。本当においしく作れる正式な方法が知りたい！ 麺のうまさを引き出し、見栄えもよくなる調理法とは？

教えてくれたのは……
広報部
増田 純さん

01 水500mlを気泡がでるまで沸騰させる

沸騰していないと、麺のほぐれに影響が出るのでしっかり沸かす。

大きな気泡が沸騰したサイン

02 麺を入れて、ゆでる

ゆで始め２分間は、麺にさわらないこと。火加減は中火に調整する。

03 2分たったらほぐす

あまりガチャガチャとかき回さないこと。箸と箸を開くようにして、麺を引き離すように。火加減は気泡で麺が見えなくなるくらいをキープ。

04 液体スープを作る

あらかじめ液体スープを入れておいた器に、麺をゆでている鍋からお湯だけを入れ、とけ残りがないようしっかり混ぜる。

05 4分後に火を止め、器に麺を静かに寝かせる

箸で麺を多めに取り、高く持ち上げる。持ち上げた高さから、方向をコントロールしながら器に盛り付けていく。時計の1時と7時の方向に静かに寝かせれば商品パッケージのような、見栄えのよい麺流しが完成。

06 できあがり

お好みでチャーシュー、煮卵、メンマ、ほうれん草、ねぎなどを加えてもおいしい。

商品紹介

日清ラ王 醤油 5食パック
メーカー小売価格 ¥525

つるみ、コシ、そしてもっちりとした食感が特徴の麺と香味野菜が特徴のあっさりとしたうま味のある上品なスープ。

森永製菓に聞いた！ ホットケーキをふわっふわに焼くコツ

専門店のようなふわっふわのホットケーキを家で作るにはどうすれば？ コツは粉の混ぜ方と油の使い方にあった！

教えてくれたのは……
研究所食品研究開発センター
（ホットケーキマイスター）
松井悠子さん

01 ボウルに卵を入れて、よくといておく

牛乳と卵をいっぺんに混ぜ合わせる人は少なくないが、順を追って行うのがポイント。卵は白身と黄身がしっかり混ざるように。

分量はパッケージの裏に書いてある通りに

商品紹介

森永ホットケーキミックス
（600g/150g×4袋） ¥430

1957年誕生したロングセラー商品。マフィン、クッキーなど、他にもいろいろなおやつにも。

02 牛乳を加えて、さらに混ぜる

このとき、泡立てる必要はない。

15～20回が目安

03 最後にホットケーキミックスを加え軽く混ぜ合わせる

大きくかき回すようにして、混ぜ過ぎない。粉がダマになっているくらいがベスト。ダマは焼いているうちに消えるので大丈夫。

04 フライパンを中火で熱し ぬれぶきんの上で冷ます

フライパン全体が温まったら、フライパンを火からおろし、ぬれぶきんの上で1～2秒冷ます。この時「ジュッ」と音がしなかったら加熱し直す。

05 生地を約30cmの 高さから一気に流す

フライパンがフッ素樹脂加工でない場合は油を塗ってからきれいにふき取る。ふき取らないと油により焼き色にムラができ、専門店のような均一なきつね色にならなくなる。

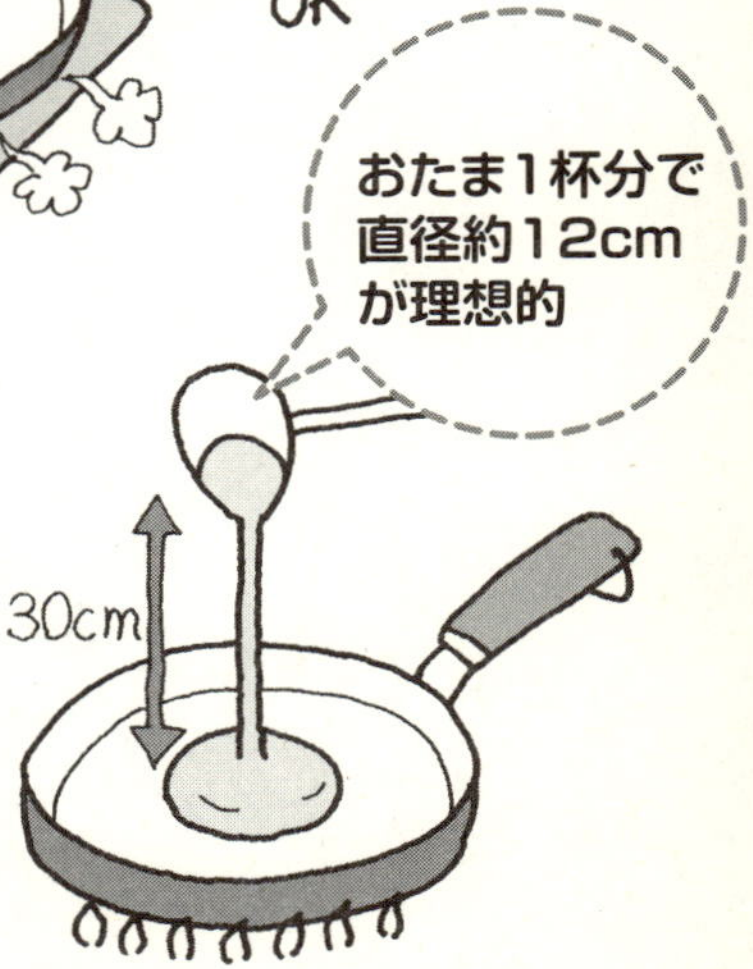

※フッ素樹脂加工のフライパンには、油はひかない

06 **弱火にして、約3分焼く**

表面に小さな泡がプツプツとできるまで。

07 **一気にひっくり返し、弱火で約2分焼く**

約30cmの高さから一気に。ひっくり返したあとは、フライ返しなどで押しつけないこと。

ツウだけが知っている

冷凍にしても、焼きたてと同じおいしさ

残ったホットケーキは1枚ずつラップに包んで冷凍保存がおすすめ。自然解凍でもふんわり感は失われない。

農心ジャパンに聞いた！

韓国では「辛ラーメン」をこう食べる！

唐辛子、しいたけ、ねぎ、にんにくなどと合わせて作った特製牛肉スープと、もちもちとした麺。日本でも定番となりつつある「辛ラーメン」の本場・韓国風の食べ方とは？

教えてくれたのは……
マーケティング部
朴恩晶さん

01 沸騰した湯に麺とスープ、やくみを入れる

水の量は550ml（３カップ程度）が目安。日本の袋麺と違い、最初にスープとやくみを入れるのがポイント。

02 箸で麺をつかみ、上下させる

お湯から4～5回持ち上げて、ほぐしながら煮込む。

麺がさらにもちもちになる

03 きざみねぎ、卵を入れる

3分50秒たったら、きざみねぎ、卵を入れて、さらに40秒煮込む。

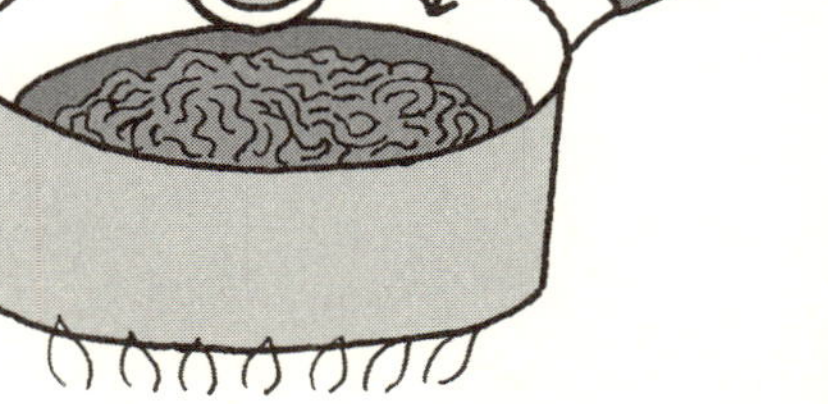

04 おいしく食べる

器に移し替えず、鍋のまま食べてもおいしく食べられる。残ったスープにご飯を入れて食べることも多い。

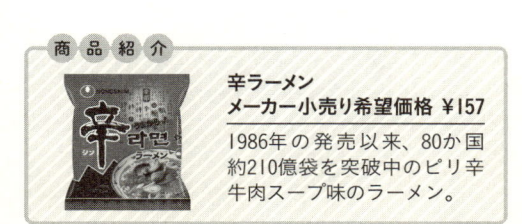

商品紹介

辛ラーメン
メーカー小売り希望価格 ¥157

1986年の発売以来、80か国約210億袋を突破中のピリ辛牛肉スープ味のラーメン。

ピリ辛トマトラーメン

唐辛子とトマトが不思議に好相性。最後にチーズを入れ、イタリアンに仕上げるともっとおいしく食べられる。

01 鍋に水とトマト缶を入れ、沸騰させる

水の量は150mlが目安。トマト缶はカットタイプがおすすめ。

02 「辛ラーメン」とスープ、やくみを加え4分30秒煮込む

「辛ラーメン」の 01・02同様に作る。

03 スライスチーズをのせて完成

チーズはとけやすいように、ひと口大にちぎる。

ツウだけが知っている

お酢を入れるとコシがアップ

もちもちとした麺が特徴の「辛ラーメン」。麺を煮込む際に、好みで少量の酢を入れると、さらに食感がよくなる。

日清フーズに聞いた!「日清 から揚げ粉」の使い方・量の正解

「粉だけでもおいしい」と熱狂的なファンが多い「日清から揚げ粉」。だが、たっぷりつければ、上手なから揚げができるわけではない。粉の適量、つけ方の正解とは?

教えてくれたのは……
開発センター
樋口清香さん

01 肉をカットする

鶏肉をひと口大にカットする。1枚肉（約250g）なら、約10個に切り分ける。

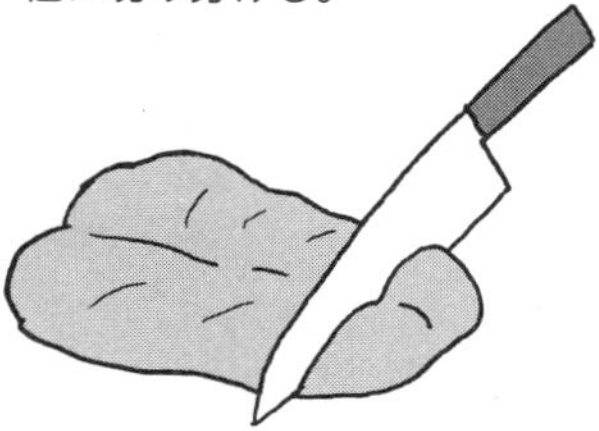

02 「から揚げ粉」を準備する

理想の分量は、肉（重量）に対し、その10％量の粉を使うこと。この分量で十分カラッとジューシーなから揚げになる。

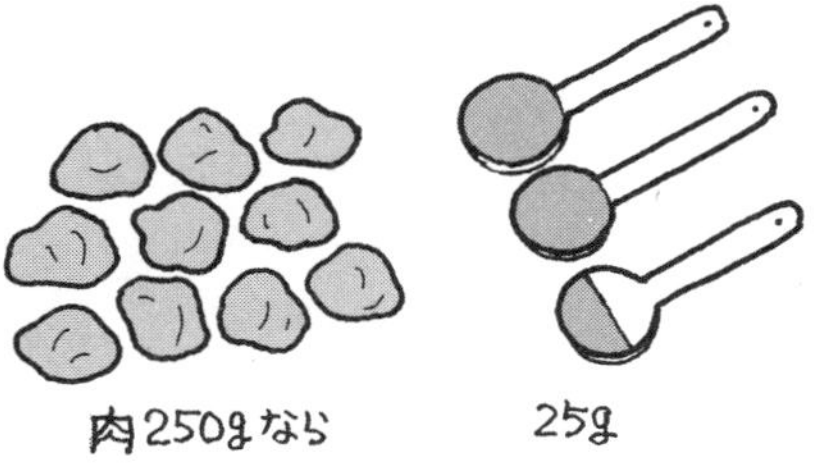

03 肉に「から揚げ粉」をまぶす

「から揚げ粉」を入れた袋にひと口大に切った肉を加え、袋をふってまぶし、3分間おく。袋の中に空気をたっぷり入れて、ふくらませながら大きくふるとまんべんなくまぶせる。

04 油で揚げる

160 ～ 170℃に熱した油で揚げる。ひと口大に切った鶏肉なら約３分間。

商品紹介

日清 から揚げ粉（100g）
メーカー小売価格 ¥141

チキンとネギのダブルのうまみがベース。1974年の発売以来、ほぼ商品ロゴは変えていない。

鶏のから揚げ以外の使い方

塩、こしょうの代わりに使う

数種類のスパイスを配合し、粉自体にしっかり味がついているため、これだけで味付けが完結。チャーハンや野菜炒めなど、炒め物の味付けなどに。

チャーハンを作る場合、「から揚げ粉」は卵に混ぜるのがポイント。スパイスが全体にムラなく混ざり、パラリと仕上がる。

小麦粉の代わりに使う

とろみづけやつなぎに

具材を炒めるタイミングで「から揚げ粉」を入れ、水分を加えるだけで、スープにとろみがつき、味つけもこれだけでOK。

つくねなど、ひき肉料理のつなぎにおすすめ。肉の味にもコクが出る。

鶏肉以外の食材にまぶす

おすすめは
「パンの耳ごとカリカリスティック」

食パン（２枚）の耳を取り、縦に４等分に（左下イラスト参照）。「から揚げ粉」（大きじ３）をまぶし、170℃の油で揚げてできあがり。子供のおやつや、お酒のおつまみに喜ばれる一品に。

パンの切り方

東京餃子樓に聞いた！

テイクアウト餃子を焼きたてのように味わう方法

餃子と言えば、大人から子供までに大人気。国民的おかずと言っても過言ではない。調理済みの餃子をテイクアウトして自宅でもおいしく食べるコツは、温め方にあった！

教えてくれたのは……
広報担当
土谷政史さん

01 お皿にキッチンペーパーを敷き、餃子を並べる

均等に加熱できる平らなお皿に、取りやすくするためにキッチンペーパーを。餃子はできるだけ均等な間隔で並べる。

商品紹介

テイクアウト焼き餃子（10個入り）¥500

安くておいしいコストパフォーマンスのよさで、毎日行列ができる程の人気。餃子は表面がパリっとしていて、中身はジューシー。味付けもしっかりしていて後を引くおいしさ。

02 レンジで加熱する

加熱時間は1分前後が目安。ラップをすると水分が飛ばず、べちゃっとするのでそのまま加熱を。また温めすぎると皮が固くなったり、中身がボソボソになってしまうので注意。

ツウだけが知っている

おすすめ！ 餃子のタレアレンジ

まずは1個をそのまま食べてみて、味を吟味。その基本の味を生かすタレで食べるのが◎。

◆餃子にしっかり味がついていると感じる場合…
⇒酢＋こしょう
スパイスが程よく効いたさっぱりした味わい。

◆餃子が薄味の場合…
⇒食べるラー油
ご飯に合うしっかりした味わい。

ほかにも、ラー油と和からしの辛さのコラボレーションが未体験の味！　しょう油＋酢＋ラー油＋和からしもおすすめ。

さらにおいしく食べるアレンジレシピ

もし餃子が残ったら、翌日まで冷蔵庫に保管。ひと手間かけて別メニューにチェンジ！

餃子丼

餃子＆ごはんの間違いないおいしさ！

01 餃子を煮て卵でとじる

だし汁（1/2カップ）、みりん（50cc）、しょうゆ（30cc）を入れた鍋に餃子（4個）を入れ、火が通ったら卵（1個）を入れる。半熟になったら火からおろす。

02 温かいごはんの上に盛り付ける

丼ぶりにごはんをよそい、01をのせたら完成。

餃子のみぞれ煮

さっぱりと食べたい気分なら、大根
おろしをプラスして、和風味で。

01 餃子を だし汁で煮込む

だし汁（1カップ)、みりん(50cc)、酒(50cc)、しょうゆ（50cc)を入れてひと煮立ちさせる。餃子（6個）と大根おろし（1/2カップ）を加えて、約30秒煮込む。

02 お皿に盛る

だし汁と一緒にお皿に盛ってできあがり。

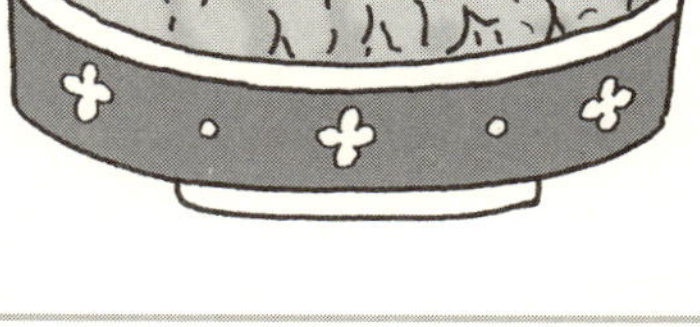

とんかつ和幸に聞いた！

持ち帰り用のとんかつを揚げたて風に食べる方法

テイクアウトにしたら衣のサクサク感がなくなった…。そんな残念な経験はないだろうか？　自宅でも揚げたてのおいしさを味わえる温め方、食べ方を聞いてみた。

教えてくれたのは……
和幸商事 商品部
畠山沙綾香さん

01 アルミホイルでとんかつをくるむ

完全に封をせず、すき間を開ける。これが熱したときの蒸気の逃げ道になり、サクサク感をキープしてくれる。

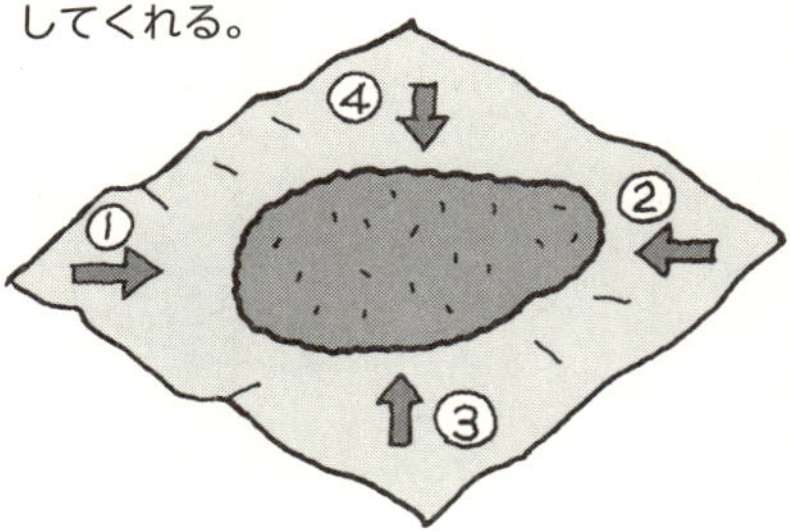

02 オーブントースターで加熱する

100V、1000Wで 7 分〜8 分が目安。

03 包丁を前に押し出すようにして切る

上から押さえるように切ると、衣がはがれてしまう。手前から包丁を前に押し出すように切るといい。千切りキャベツとともにお皿によそえば、揚げたての味。

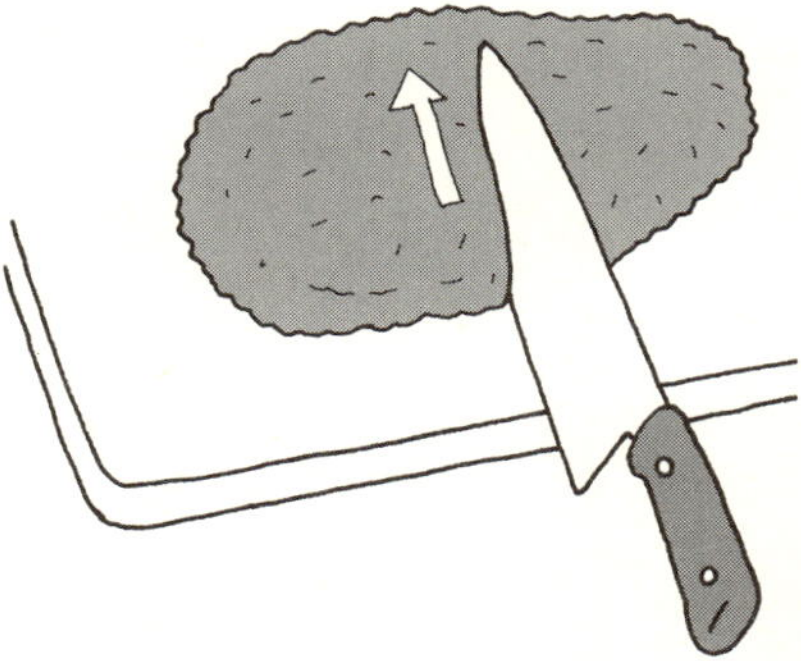

ツウだけが知っている

キャベツは食べる前に冷水にさらす

とんかつのベストパートナー、千切りキャベツは食べる直前に冷水にさらす。よりシャキシャキ感が増しておいしくなる。

かつ茶漬

**ソースにはないあっさり感が新鮮！
だしをかけるだけの簡単レシピ。**

01 ごはんの上にかつを並べる

かつはあらかじめ食べやすい大きさに切っておく。

02 だし汁をかける

白だしがベストだが、なければお茶漬けの素にお湯をそそいだものでもＯＫ。

03 好みできざみのりをちらす

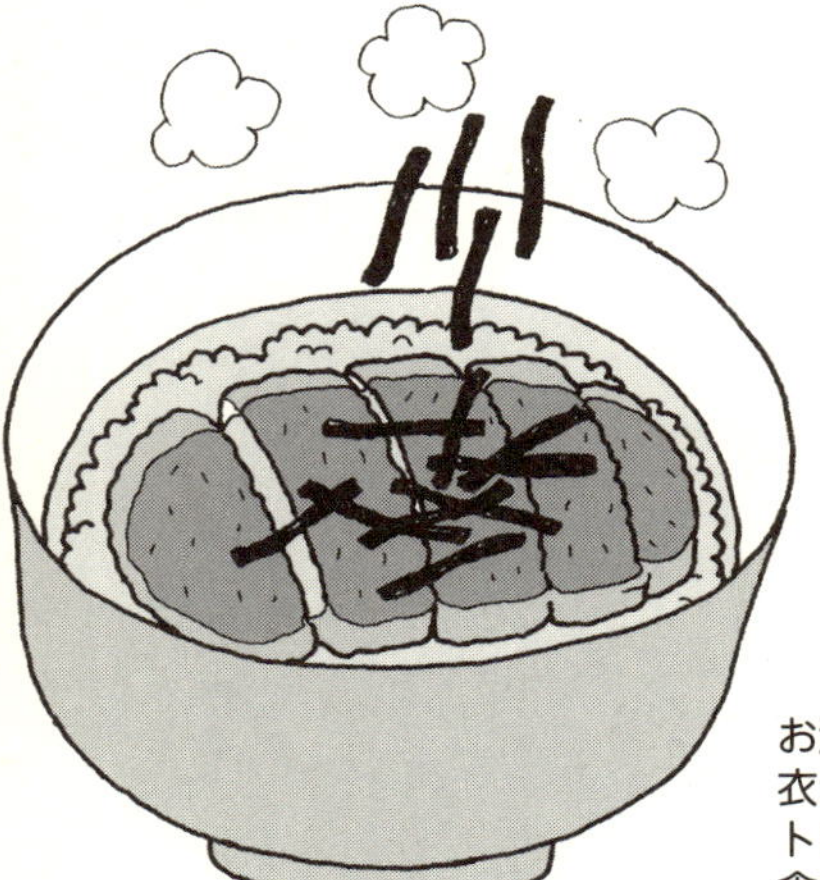

お湯をかけた直後は
衣がサクサク、後に
トロトロ…と２つの
食感が楽しめる。

商品紹介

特ロースかつ 1枚 ¥567

パン粉は自家製の食パンを挽いて作った生パン粉。良質の豚肉を包み込み、100％植物油で揚げた『とんかつ和幸』のとんかつの中でも、ジューシーな肉汁がほとばしる「特ロースかつ」はいちばんの人気メニュー。

※価格は店舗により異なります。

ぼてぢゅう®に聞いた！

ふわっとしたお好み焼きの作り方

「お店で食べるようなお好み焼きを、自宅でも焼けないものか…」。表面サクッ、中身をふんわり仕上げるためには〝必要最低限の動きと手早さ〟が鉄則。

教えてくれたのは……
東京フード
第一営業部
北浦普也さん

ぶた玉の作り方

関西お好み焼きの定番。ぶた玉でお好み焼きの基本をマスターしよう。

01 材料を入れる

口あたりが軽く、ふわっとした食感に仕上げるためには、キャベツと生地と玉子の割合が重要（『ぼてぢゅう®』の配合は、キャベツ３：生地２：玉子３）。玉子やだし、山芋など、肉をのぞいたすべての材料を入れる。

02 ざっくり混ぜる

全てが完全に混ざっていなくてもOK。グルグル混ぜてしまうと、生地が“だれて”しまい、仕上がりにふわふわ感がなくなってしまう。

03 生地をプレートに流す

お玉１杯分を、ごく薄く油をひいた180～200度のホットプレートに流す。

この時点で広げすぎず、厚さは2cmが理想
180～200度

04 豚肉をのせて、2分焼く

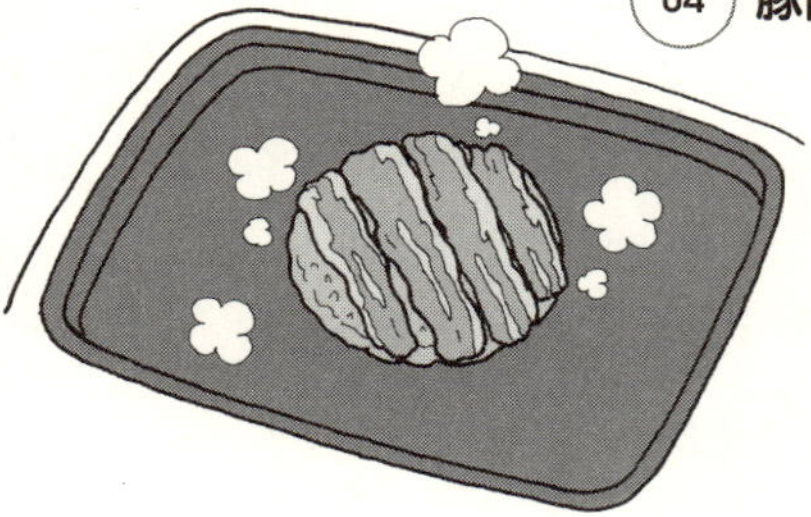

生地の上に豚肉を並べる。お好み焼きの“ヘリ”の生地色が変わったら、ひっくり返してOKのサイン。

05 合計4回 ひっくり返しながら焼く

調理開始から、裏（2分）→表（4分）→裏（2分）→表（4分）を焼いたら表面を上に向けてできあがり。必要以上にひっくり返すと、ふんわりしたお好み焼にならないし、割れてしまう原因にもなる。

焼けているか不安だったら竹串を刺してみて、生地がくっつかなければ大丈夫。

ツウだけが知っている

魚介類は生地の間に挟み込む

豚肉と一緒に（もしくは代わりに）、いか、えびなどの魚介類を入れるときは、いったんホットプレートで炒めて軽く水分を飛ばしてから、生地の間に。生地がふんわり仕上がる。

06 お好みに味付けする

ホットプレートの上でソースを塗り、
お好みでマヨネーズ、マスタード、
かつおぶし、青のり等をかける。

商品紹介

ぼてぢゅう® プレミアム焼

￥1480 ※店舗によって金額が異なります。

昭和21年、食道楽の街、大阪玉出で誕生。お好み焼をテコで“ぼて”と返して“ぢゅう”と焼くリズムから「ぼてぢゅう」と命名。秘伝の生地とオリジナルソース、特製マヨネーズが味の決め手。「ぼてぢゅう®プレミアム焼」は豚肉、いか、むきえび、貝柱が入った贅沢メニュー。素材の味わいがミックスされた一番人気。

妻家房に聞いた！

本場のキムチ鍋・チヂミのおいしい作り方

韓国料理人気にともない、自宅でも本格的に作りたい人が増加。日本の韓国料理店の先駆けともいえる『妻家房』に、2大人気メニュー、キムチ鍋とチヂミの作り方を聞いた。

教えてくれたのは……
『妻家房』総料理長
柳 香姫さん

キムチ鍋の作り方

さまざまな具が入っているイメージがあるが、本場・韓国では、おいしいキムチさえ手に入ればシンプルな具のみで作ることが多いという。味の決め手はなんといってもキムチ。ちょっと酸味のある発酵したものを使うとおいしくなる！

材料（４人分）

- 白菜キムチ……………………500g
- 豚バラ薄切り肉……………200g
- 長ねぎ…………………………1/2本
- 玉ねぎ…………………………1/2本
- 牛だしの素………………大さじ1/2

01 食材を食べやすい大きさに切る

長ねぎは５mm幅の斜め切り、玉ねぎは５mm幅に切る。白菜キムチは水気を軽く絞って５cm長さに切る。

キムチの絞り汁はとっておく!

02 豚バラ肉とキムチを炒める

豚ばら肉を３等分に切り、強火で炒める。肉の色が変わったら白菜キムチを加え、しっかり炒める。

炒めるとコクがでる!

03 野菜を加え、煮る

鍋に水（3カップ）、長ねぎ、玉ねぎを加えて煮る。キムチの絞り汁を加え、野菜がしんなりするまで煮たら完成。

おいしいキムチが手に入れば味付けは必要ない。もし物足りなさを感じたら、牛だしの素やかつおだしなどを入れてもOK。

ツウだけが知っている

キムチにはうま味がたっぷり

キムチには20種類以上の薬味や食材が使われており、発酵して酸味が増す頃には、うま味もたっぷり！　酸味が強いと感じたら、砂糖やオリゴ糖を入れると酸味が和らぐ。

チヂミの作り方

本来チヂミはしっとり焼き上げるものだが、『妻家房』では油を多めに使い、両面をカリッとさせた独自の食感が好評。人気のねぎチヂミの作り方を紹介。

材料（直径20cm のもの１枚分）

・薄力粉……………………110g
・塩…………………………ひとつまみ
・万能ねぎ…………………60g
・にら………………………30ｇ
・にんじん…………………30ｇ
・玉ねぎ……………………30ｇ
・溶き卵…………………… １個分

01 生地を作る

ボウルに薄力粉と塩を入れ、水１カップを少しずつ加えて溶く。にらを８cm長さ、にんじんを３cm長さ、玉ねぎを薄切りにして加え、溶き卵も入れてよく混ぜる。

02 フライパンで焼く

サラダ油大さじ１を熱し、
生地を広げる。

03 ねぎを均等に並べる

⑫の生地が固まらないうちに、長めに切った万能ねぎを手早くのせる。

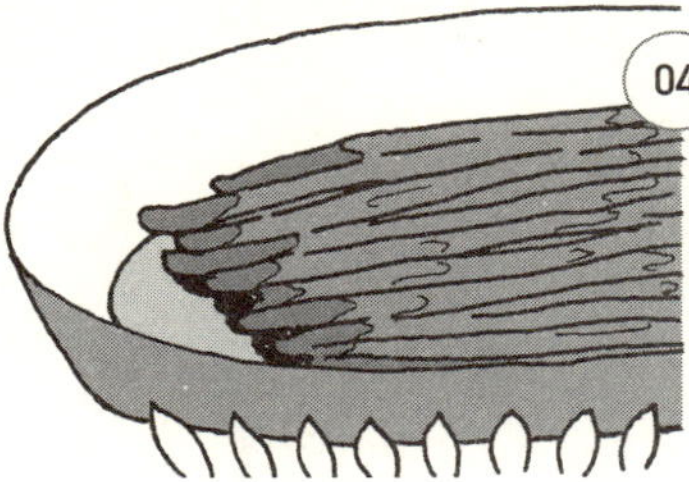

04 縁が焼けたら裏返す

中火にして焼く。生地がフライパンからはがれてきたら、焼けてきた合図。

05 サラダ油をたっぷりかける

鍋肌から３周分ほど回し入れる。強火にして油が沸き立つ状態で揚げるように焼き、パリッとさせる。

油たっぷりでも
パリッとさせれば
油っぽくならない！

お店紹介

妻家房

1993年に第１号店をオープン、今年で創業20周年を迎える韓国料理店の老舗。韓国料理教室を主催したり、キムチ博物館を開設するなど韓国料理に関する知識は随一！

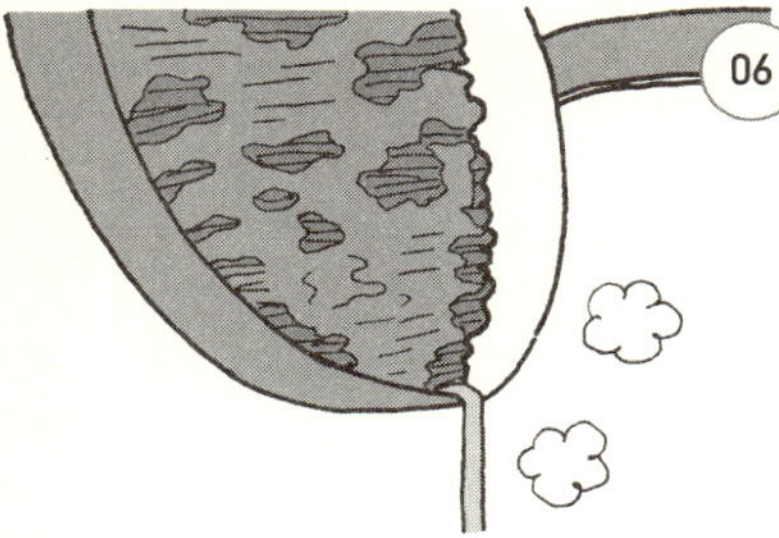

06 ひっくり返して、裏側も焼く

油を捨てて、ひっくり返し、弱火にしてパリッと焼き上げる。⑮の段階で全体に火が通っているので、軽く焼き目をつける程度でOK。

見栄えのいい チヂミの切り方&盛りつけ方

01 チヂミを縦横4等分に切る

上から押さえるようにすると、きれいに切れる。

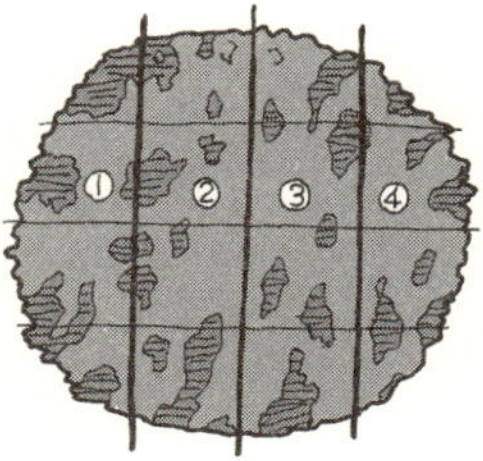

02 曲面が見えないように、お皿に盛る

イラストのように、下から1、4、2、3の順で重ねるように並べると、断面が揃って見栄えがいい。

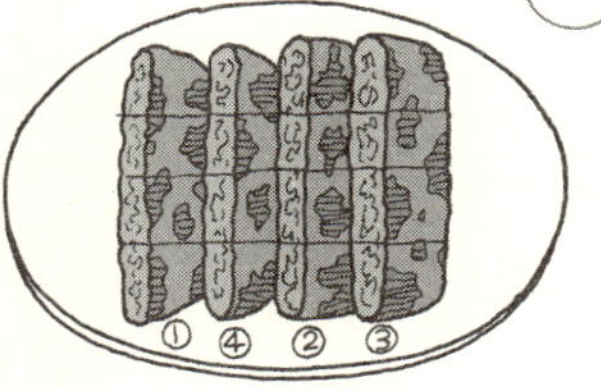

雪印メグミルクに聞いた！

カマンベールチーズをきれいに切るコツ

カマンベールなど、ソフトタイプのチーズを美しく切るには…。専用の道具を使わずに、家庭にある包丁でできるやり方があった！

教えてくれたのは……
広報部
二階堂真弓さん

01 包丁の刃を温める

包丁の熱でチーズがとけてしまうのでは？　と思うがそうはならない。刃先が入り、スーッと抜けやすくなる。

ツウだけが知っている

プロはオメガナイフを使用

ソフトタイプのチーズを切るならコレ。刃に穴があいており、刃先にチーズがくっつかない仕組みになっている。

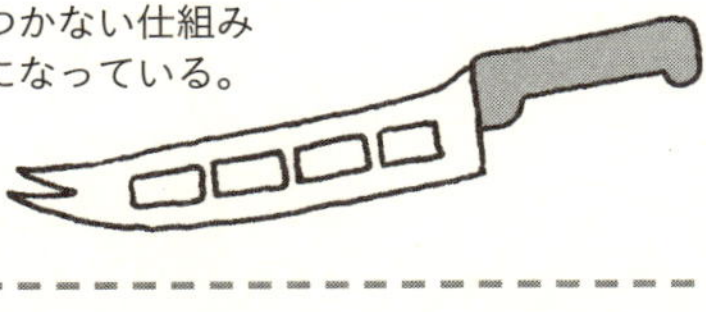

02 扇形に切る

ホールケーキのように中心から放射状に
切ると、皮と中身のバランスが良い。

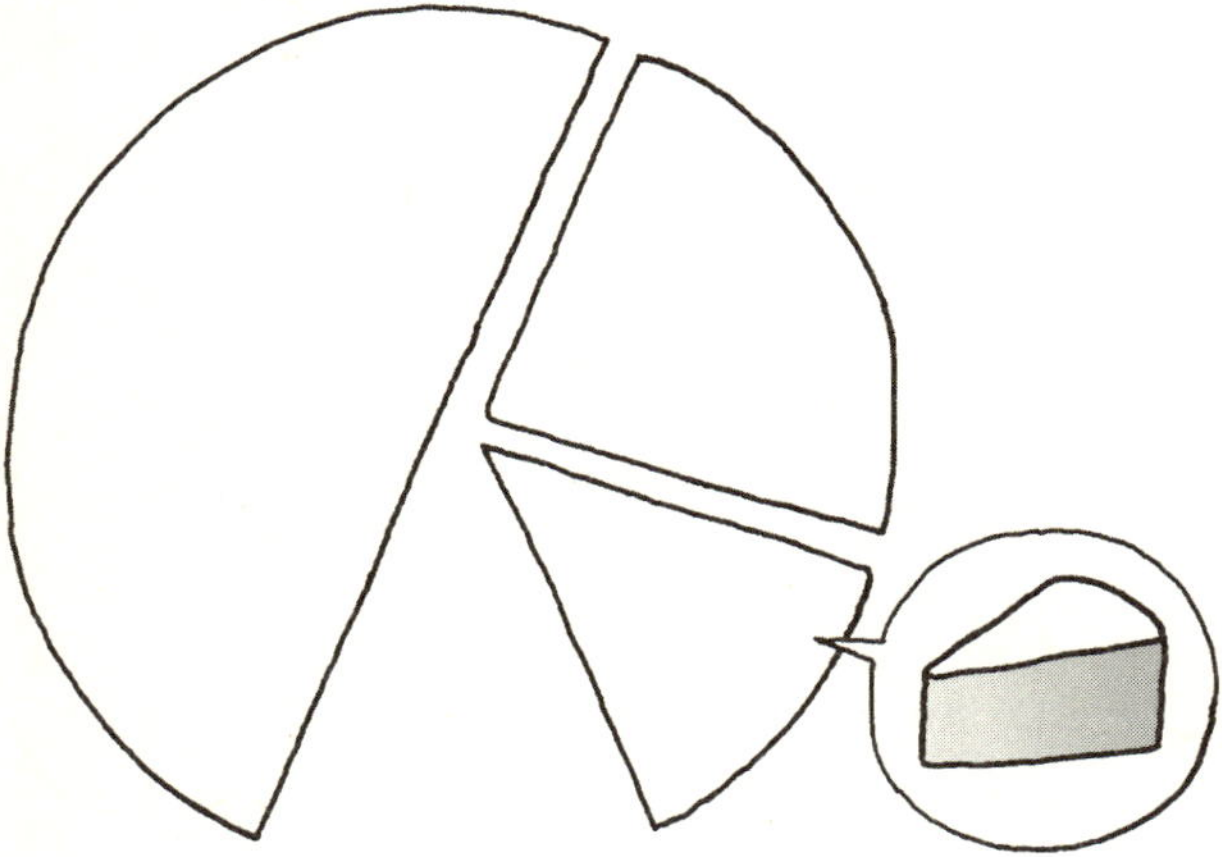

商品紹介

雪印北海道100 カマンベールチーズ（100g）
メーカー希望小売価格 ¥420

北海道産生乳100％で作りあげた、日本人の味覚に合ったカマンベールチーズ。

電子レンジで簡単チーズフォンデュ

カマンベールチーズの外皮が鍋代わり。
即席ワインのおつまみにも！

01 上面の皮を包丁で切る

削いだ皮は刻んでサラダのトッピング等、別の料理に。フォンデュの中に入れても溶けないため、せっかくのトロトロ感が失われてしまう。

02 耐熱容器に移し、1分加熱する

高さのある耐熱皿に移し替えて、電子レンジ（600W）で1分程度。

03 バゲットや野菜などをつけて食べる

果物やクラッカーなどもおすすめ。途中でカレー粉やしょうゆ、マスタードなどを加えると、味に変化がつく。

カマンベールチーズ丼

イチオシの新レシピ。“ちょいとけ”したチーズがたまらない！

01 温かいごはんの上に、カマンベールチーズをのせる

ごはんの量はお茶碗１杯分（150g）が目安。カマンベールチーズ1/2個（50g）を一口大にちぎってのせ、しょうゆ（小さじ1/2）をまわしてかける。

02 わさび、のりをのせて完成

それぞれ量はお好みで。食べる直前によく混ぜると、ご飯の温かさでチーズがほどよくとけてたまらない味。

ハウス食品に聞いた！

「フルーチェ」をもっとふるふるに作る方法

「フルーチェ」は冷たい牛乳を入れて混ぜるだけでできる、画期的な冷たいデザート。作り方は簡単だが、ふるふるの食感を生み出すにはかき混ぜ方にコツがあった！

教えてくれたのは……
カスタマーコミュニケーション本部
広報・IR室 広報課
前澤壮太郎さん

01 常温のフルーチェをボウルに入れる

冷蔵庫で冷やす人もいるが、常温でかまわない。

02 スプーンでかき混ぜる

30秒程度が目安。間違いがちだが、泡立て器を使わないこと。泡立て器だと、固まるそばからくずれてしまい、その結果、ふるふるの食感にならない。

03 器に盛ってできあがり

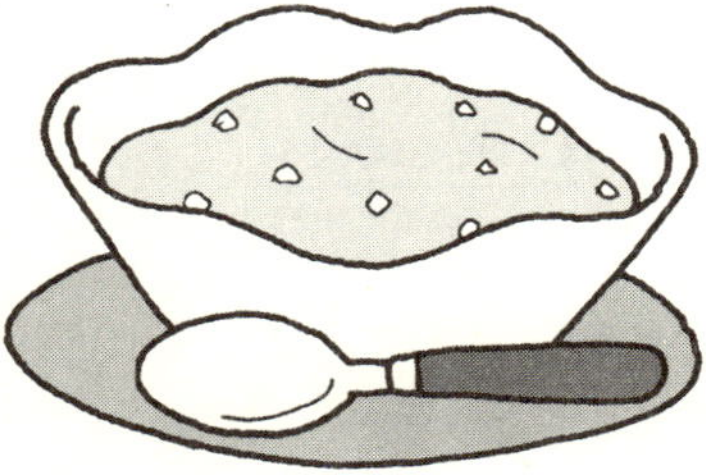

「フルーチェ イチゴ」のムース

生クリームを加えて、より口当たりがなめらかに。もちろん、イチゴ以外でも楽しめます。

01 フルーチェを作る

「フルーチェ イチゴ」（1箱）と牛乳・生クリーム各100ml、いちご4個を用意。まずは、フルーチェと牛乳を前ページの要領で混ぜる。

02 生クリームを加える

生クリーム（100ml）を8分立てぐらいに泡だて、少しずつ混ぜ合わせる。

ツウだけが知っている

「フルーチェ」は作りたてがいちばん！

食べきれなかった分は冷蔵庫に入れて、その日のうちに食べる。ただし、時間をおくと少しづつふるふる感が失われていくので、作り立てがいちばん。「フルーチェ1袋（4人分）」の半量（2人分）を作りたい時は、最初から材料を半分にして、残りは冷蔵庫に保存するのがベスト。

03 冷蔵庫で冷やし、いちごを飾ってできあがり

冷蔵庫で30分以上冷やし、盛りつける。
いちご（4個）は縦半分に切って飾るときれい。

もんじゃ 近どう に聞いた！

おいしいもんじゃの作り方はこれが正解

なんとなくではなく本当においしい作り方を知りたい！「上手におこげを作って食べるのがツウな食べ方」という『もんじゃ 近どう』に、もんじゃ作りの正解を聞いた。

教えてくれたのは……

近藤 久さん

01 具を鉄板にかきだす

このタイミングでは、だし汁を1滴たりともこぼさない意気込みで。器を手で持ち上げ、具材だけをかきだすようにするのがポイント。器を傾けるとだし汁が流れ出やすくなるので注意。

02 「はがし」で具材を広げ、円形の土手を作る

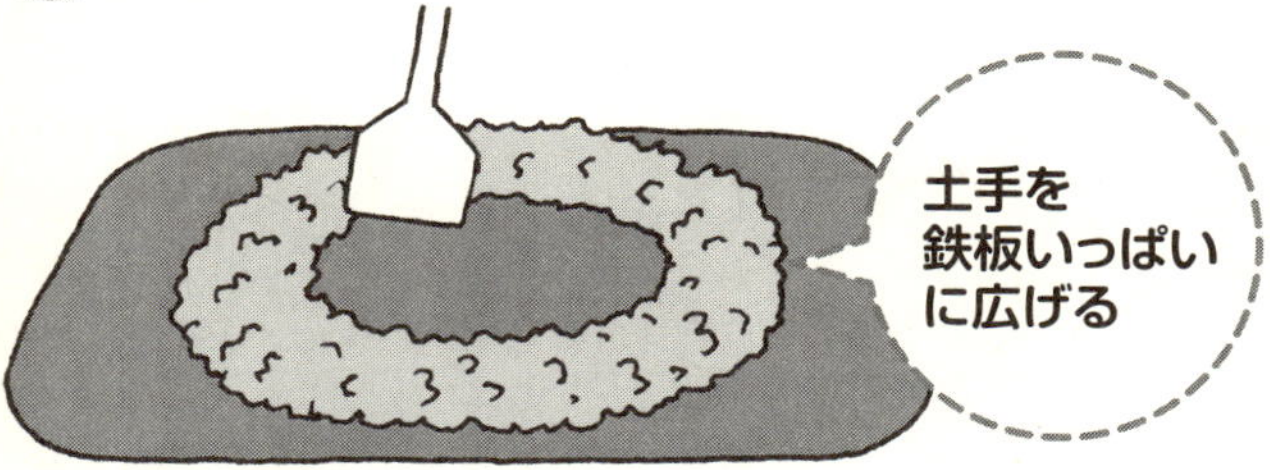

土手が小さいと鉄板の熱が伝わりにくく、調理に時間がかかる原因に。煮詰まり、味が濃くなってしまう。『もんじゃ 近どう』のもんじゃは味付けしてあるので、煮詰めず高温でザッと焼き上げるのが大事。

03 だしをよくかき混ぜ、まん中に流し込む

04 だしにグツグツとろみが出てきたら、具とだしがよくからむまで一気に混ぜる

手早く、ザッと焼き上げる

05 最後に薄く伸ばす

薄く伸ばせば伸ばすほど、火の通りがよくなり「おこげ」ができる。しかし焦げすぎないように火加減は様子を見て調整すること。

06 小型の「はがし」で鉄板からじかにすくって食べる

お好みで青のり、粉かつお、味の素をふりかけても。

商品紹介

特製近どうもんじゃ
¥1300

昭和25年創業、月島一の老舗もんじゃ焼き店。そのもんじゃ、お好み焼きの種類は90種以上にもなる。「特製近どうもんじゃ」は、いか、生えび、たこ、牛肉、桜えびなどが入ったボリューム満点の、人気No.1メニュー。

スジャータ めいらくグループに聞いた！

「コーンクリームポタージュ」のおいしい温め方

家庭で本格的なコーンスープが楽しめるパック入りコーンスープ。口当たりなめらかに、まるでホテルレストランのように仕上げるには…。おいしい温め方のコツを聞いた。

教えてくれたのは……
情報宣伝担当
大橋里奈さん

直火の場合

01 「コーンクリームポタージュ」を鍋にあける

粒入りの場合は、よく振ってから。その日に飲みたい分量だけ入れる。

02 弱めの中火にかけ、ゆっくりかき混ぜる

鍋に接しているあたりの「コーンクリームポタージュ」が少しポコポコとし始めたら、全体が温まったサイン。

ツウだけが知っている

鍋に付着するのを避けたい場合はフライパンで

直火で温める場合は、テフロン加工がおすすめ。フライパンに「コーンクリームポタージュ」を入れ、弱めの中火で同様に温めれば付着も少なく、後片付けもラク。

電子レンジの場合

01 開口部の大きな皿に移し替える

電子レンジに対応した安定性のある容器を選ぶこと。

02 電子レンジで約1分加熱する

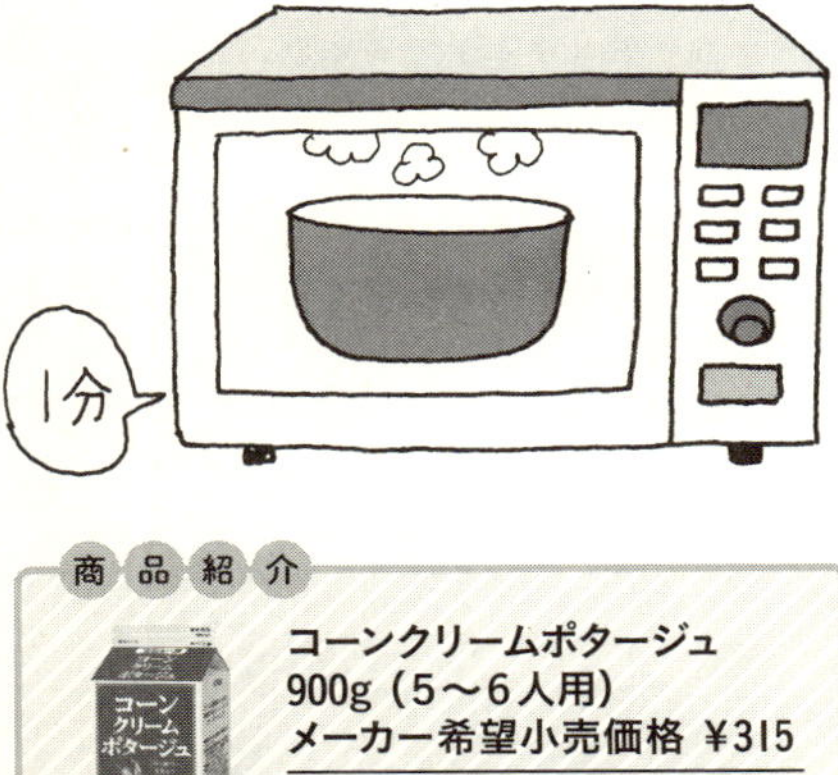

目安として180gを500Wの出力で温める場合、約1分加熱する。

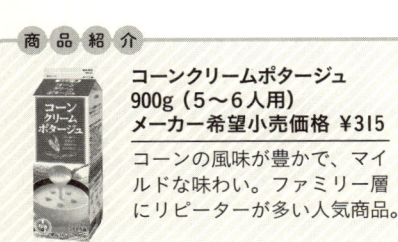

商品紹介

コーンクリームポタージュ
900g（5～6人用）
メーカー希望小売価格 ¥315

コーンの風味が豊かで、マイルドな味わい。ファミリー層にリピーターが多い人気商品。

03 一度かき混ぜる

電子レンジでは加熱ムラがあるため、一度かき混ぜないと突沸する可能性がある。

04 電子レンジで再度約20秒温める

05 お好みにより、トッピングをのせる

ブラックペッパーなどのスパイスなど、お好みに合わせて。とくにおすすめのトッピングを下に紹介。

ちょい足しアレンジ①

温めるとき加えるとおいしいもの

◆牛乳

多めに加えるとコーンクリームポタージュの粘度が下がり、さっぱりとした味わいになる。冷やして飲む場合も、コーンクリームスープとほぼ同温の牛乳（スープの1割前後）とハチミツをほんの少し（ティースプーン半分）入れるとおいしい。

◆スジャータ・生クリーム

コーンクリームポタージュの粘度があがり、よりコクのある味に仕上がる。

ちょい足しアレンジ②

カップに注いだ後に加えるとおいしいもの

◆カレー粉

カレー粉をほんのひとつまみトッピング。甘さとスパイスがマッチした、あとを引く味に。

◆オリーブオイル

5、6滴たらしよくかきまぜると、舌ざわりのよいまろやかな味に。

ハウス食品に聞いた！

作った後にカレーの辛さを調節する方法

カレーの辛さがもの足りない。そんなときに加えるだけで辛さがアップする3つのアイテムを紹介。それぞれの辛さに個性があるので、その時の気分に合わせてセレクトを。

教えてくれたのは……
カスタマーコミュニケーション本部
広報・IR室 広報課
前澤壮太郎さん

ツウだけが知っている

カレー用ごはんは
約10%水を控えめにして炊く

水分が少なめのごはんのほうが、カレーのとろみが引き立ち、香りが広がりやすい。通常のごはんは、米1に対し1.2倍の水で炊くが、カレー用にはそこから約10%の水を控えたい。

おすすめのアイテム

ガラムマサラ

インドのミックススパイスのこと。辛さとともに風味もあり、インドカレーっぽいスパイシーさが欲しいときに。お皿に盛ったソースにふりかけてOK。

ウスターソース

コクを出すために、カレーにウスターソースをかけるのはもはや定番。だが、コクだけでなく実際の辛さもアップしている。

辛味オイル

油に香辛料を漬け、辛みだけをプラスしたもの。ソースの味を変えずに純粋に辛さだけをアップさせたいときに。市販もしているが、自宅でも作れる。

商品紹介

ジャワカレー〈中辛〉(207g)
メーカー希望小売価格 ¥309

ローストオニオンの深いコクとスパイシーで深みのある味。“爽やかな大人の辛さ”で人気。

第4章

なるほど、こんな食べ方もあったんだ！

思わず人に教えたくなるアレンジレシピ

サッポロビールに聞いた！

缶ビールを樽生ビール並みにおいしく注ぐ方法

ビールのおいしさは、注ぎ方で変わるといっても過言ではない。おすすめの「3度つぎ」で、缶ビールが樽生ビール並みにおいしくなるという、その方法を教わった。

教えてくれたのは……
社長付
端田 晶さん

01 やや上目から勢いよく注ぐ

グラスの半分まで泡が立ったらストップ。この段階では泡のほうが液体より多い状態。グラスを傾けると泡が立たないので要注意。そして上面の粗い泡が消えて、泡の厚みが半分近くに減るのを待つ。30秒くらい待つこともある。

商品紹介

ヱビスビール 350ml
ヱビスプレミアムブラック 350ml
実勢価格価格 各¥250前後

ドイツのビール純粋令に即し、1971年麦芽100%のビールとして世界に送り出された。

02 グラスの上縁までゆっくり注ぐ

最初に作った泡の層の下に滑り込ませるイメージで、ていねいに。注ぎ終わったら、泡の層の厚みがグラス全体の３分の１以下に減るまで待つ。

03 さらに慎重にビールを足して泡を高く盛り上げる

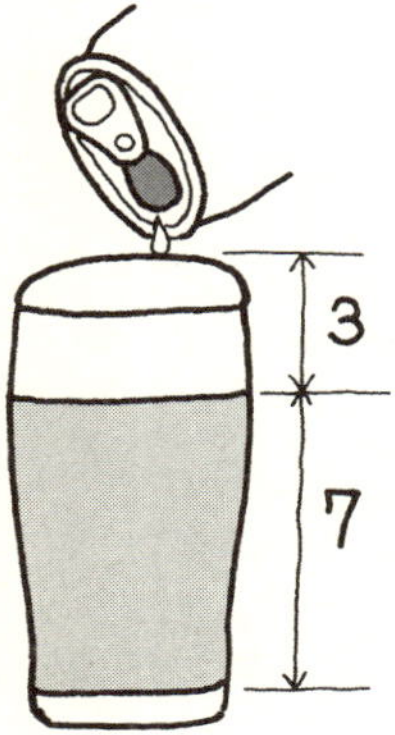

２度も待ったおかげで細かくしっかりした泡ができている。だからグラスの縁から1cmくらい盛り上がってもこぼれない。

ビールと泡の理想の比率は7：3

良い泡ができると、適度に炭酸ガスが抜けてピリピリ感がなくなり、また泡に苦み成分が吸着されてマイルドになる。

ツウだけが知っている

ビールはとってもデリケート！ グラスは冷蔵庫で冷やそう

ビールの泡は、口紅や他の食品の油に触れると消えてしまう。だからグラスは中性洗剤とお湯で油を完全に落として自然乾燥させる。また、グラスを冷凍庫で凍らせると、ビールを注いだ瞬間に温度差で過剰に泡立つことがあるので、冷蔵庫で冷やすのがおすすめ。

黒ビールを使った大人のデザート

黒ビールの色は、麦芽の焦げた色やカラメル。だから煎ったコーヒーの香ばしさと同様、甘さとの相性もいい。簡単にできる大人のデザート２種を紹介。

黒ビールのマーブルアイス

01 器にバニラアイスクリームを入れ、黒ビールを加えスプーンで混ぜる

バニラアイスクリームに、その２～３割程度の黒ビールを入れて、スプーンでごく軽く混ぜる。混ぜすぎると、アイスクリームの空気が抜けて固く凍るし、マーブル模様にもならない。

02 冷凍庫で少し凍らせて、できあがり

冷凍庫で再び固める。黒ビールの多い部分のシャリシャリ感を活かすため、凍らせすぎない。

黒ビールのシャーベット

01 **黒ビール180mlに
グラニュー糖10gをとかす**

02 **冷凍庫に入れ
途中で混ぜる**

冷凍庫で4時間凍らせるが、水分だけが先に凍らないよう、途中で1～2回混ぜて均一にする。

03 **できあがり**

明治に聞いた！ヨーグルトを料理においしく活かす方法

調味料や漬物床にもなると注目されている「塩ヨーグルト」など、近年、ヨーグルトのさまざまな活用法が注目されている。最も簡単に料理に活かす方法を教わった。

教えてくれたのは……
広報部広報G
田中彩子さん

ヨーグルトみそ焼き

ヨーグルト特有の酸味を料理にもおいしく活用できる。生肉や生魚の味をさっぱりさせるだけでなく、素材の臭みを消したり、肉をやわらかくする効果に注目！

スペアリブの場合（4人分）

材料

・豚のスペアリブ……………………8本

〈ヨーグルトみそ〉

- 明治ブルガリアヨーグルトLB81 ……………………………………150g
- みそ…………………………大さじ3
- しょうゆ・砂糖…………各大さじ1
- おろしにんにく…………………… 5g

商品紹介

明治ブルガリアヨーグルト LB81（450g）¥263

1973年に発売。本場ブルガリアのヨーグルトに使われている2種類の乳酸菌を使用。

01　ヨーグルトみそを作る

みそにヨーグルトを少しずつ加え、なじんだら、しょうゆ・砂糖、おろしにんにくを入れて混ぜる。

ジッパー付きビニール袋や密封容器などに入れる。

スペアリブをヨーグルトみそに漬ける

豚のスペアリブを加えて、袋の上からよく揉み込み、空気を抜いてジッパーをして、冷蔵庫で２時間～１晩漬け込む。

ツウだけが知っている

切り込みを入れておくと食べやすい

スペアリブは、キッチンペーパーなどで余分な水気をふきとり、骨と肉の間に（骨に沿って）数か所切り込みを入れて漬け込むと身離れがよくなり、食べやすくなる。

サーモンの場合（4人分）

材料

・サーモン（または生鮭）…4切れ（1切れ＝120g）

・塩……………………………………………………少々

〈ヨーグルトしょうがみそ〉

明治ブルガリアヨーグルトLB81 ……………………………………………………150g

みそ、しょうゆ…………………………各大さじ2

砂糖……………………………………………小さじ4

おろししょうが…………………………………10g

レモン汁…………………………………………小さじ1

サーモン（または生鮭）は水気をふき、塩少々をすり込んでおく。

ヨーグルトしょうがみそを作る

みそにヨーグルトを少しずつ加え、なじんだら、しょうゆ、砂糖、おろししょうが、レモン汁を入れてしっかり混ぜる。

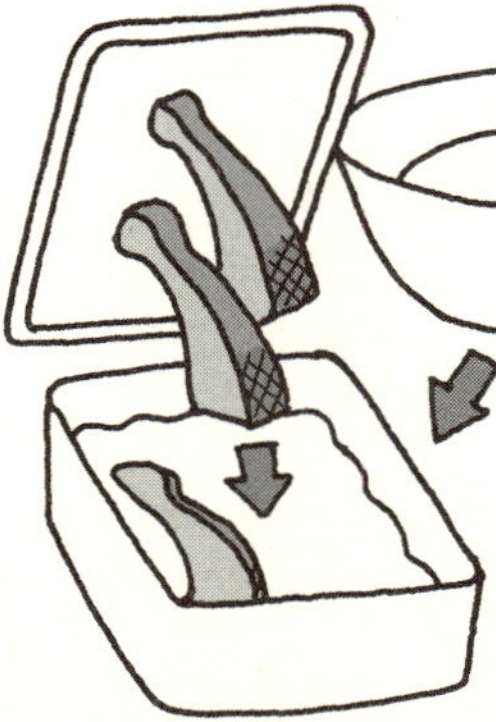

ヨーグルトしょうがみそを密封容器やジッパー付きビニール袋に入れる。サーモンを加えて冷蔵庫で半日～1晩漬け込む。

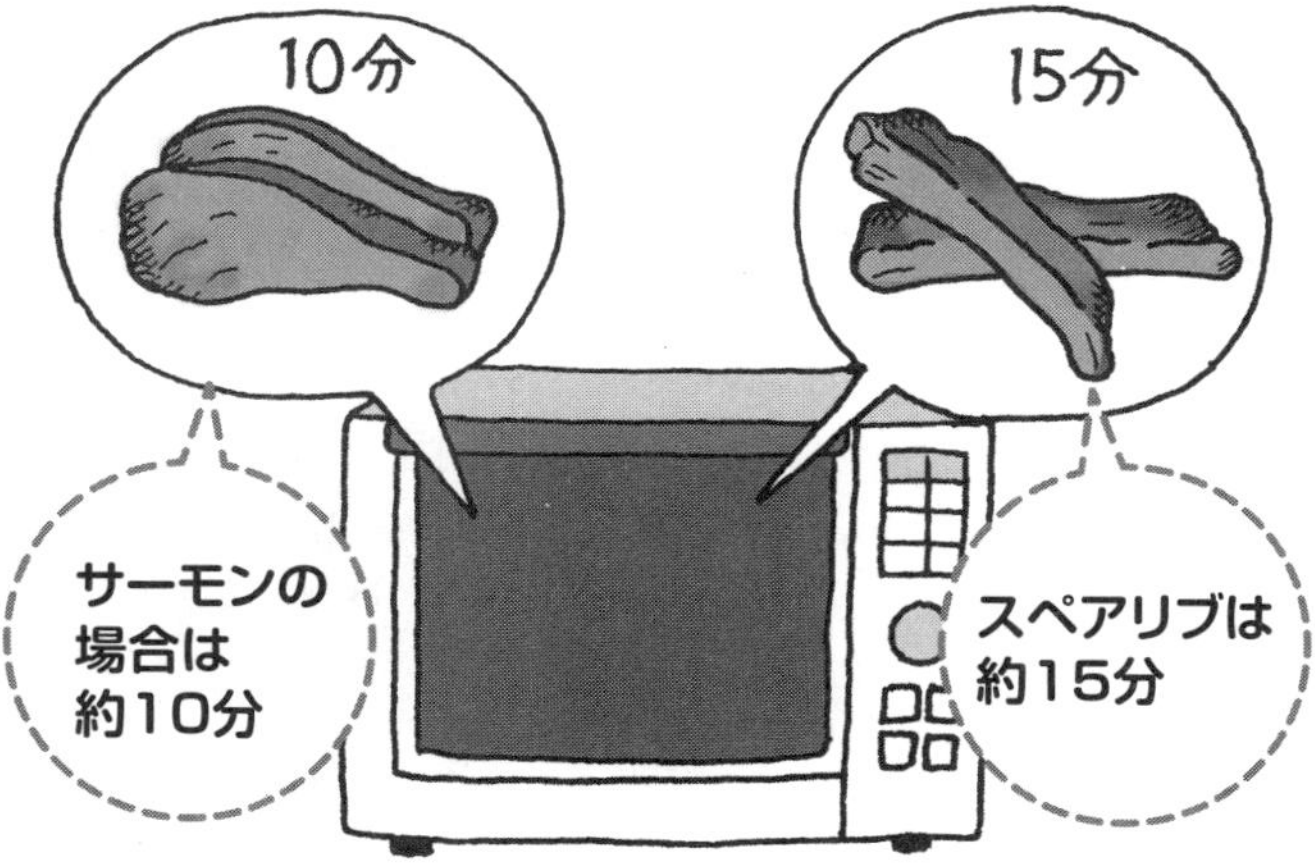
10分
15分
サーモンの場合は約10分
スペアリブは約15分

02 グリルまたは180℃に熱したオーブンで焼く

多めにヨーグルトがついている場合は、軽く落とす。基本はそのまま焼いてOK。

ツウだけが知っている

ホエー（乳清）は捨てずに活用！

ヨーグルトの表面に出てくる水分（ホエー）には、水溶性のたんぱく質、ミネラル、ビタミンなどの栄養分が豊富。捨てずに、100%ジュースで割ってホエードリンクにしたり、酢の代わりにドレッシングに入れたりすると、さわやかな酸味がかくし味になる。

山本海苔店に聞いた！

開封して日にちが経った海苔をおいしく食べる方法

湿気てしまった海苔の風味をよみがえらせることは困難。しかし、味を加え、別の海苔料理に生まれ変わらせる方法もある。

教えてくれたのは……
企画部
中島美冬さん

自家製佃煮にする

びん詰の海苔の佃煮も自分で作れる。しかもカンタンに。

01　調味料を火にかけ、煮込み汁を作る

全型の海苔10枚に対し、酒360cc、しょうゆ150cc、みりん60cc、だし汁60cc、砂糖10gを入れ、中火でひと煮立ちさせる。
お好みで、しょうが汁少々、塩少々を入れてもいい。

02 **海苔を加える**

海苔を入れ（小さくちぎっておいたほうがベター）、弱火でコトコト煮汁がなくなるまで、焦げないように混ぜながら煮込む。

ツウだけが知っている

海苔は使う分だけ出し
出したら袋に戻さない

一度出した海苔を容器に戻すと、容器内のほかの海苔もすべて湿らせてしまい、風味低下の原因に。一度出した海苔は、別にしてジッパー付きビニール袋や密封容器に保存する。

03 ごはんなどにかけて食べる

手作りの海苔の佃煮が完成。保存期間は冷蔵庫で２～３日。なるべく早めに食べきる。

商品紹介

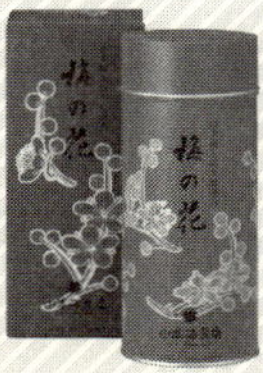

極上銘々焼海苔「梅の花」中缶 32袋入り ￥5250

上質な海苔を丹念に焼き上げた『山本海苔店』を代表するロングセラー商品。使いやすい５枚入りパックで、贈り物にも人気。

韓国風味付け海苔にする

表面がパリッとするだけでなく、ごま油で風味アップ！

01 フライパンにごま油をひいて炒る

フライパンを中火にかけ、フライパン全体が温まったらごま油を入れる。海苔を入れて、両面をサッと炒る。

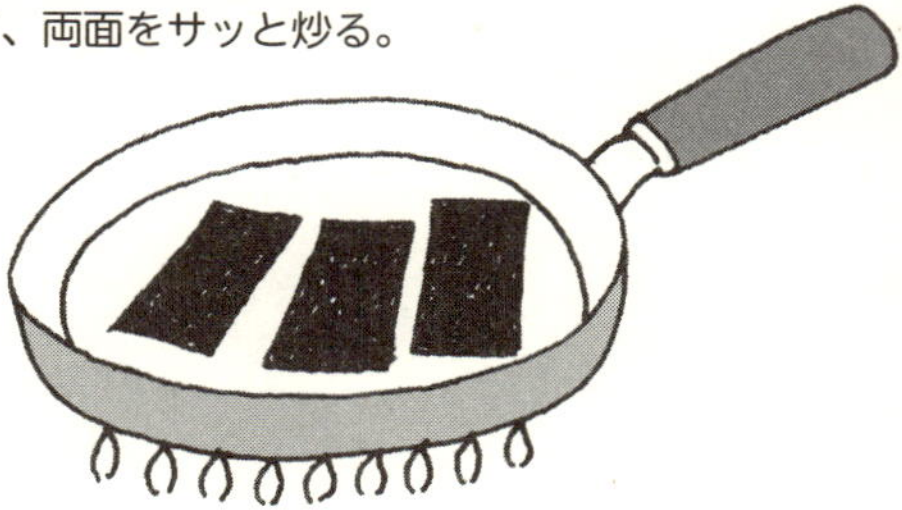

02 片面に塩をふる

塩の量はお好みで調整。そのまま食べるならちょい薄めがおすすめ。お酒のつまみなどに。

エバラ食品工業に聞いた！

「エバラ焼肉のたれ 黄金の味」の意外な活用法

焼肉のたれを普段の料理に活用している人は多い。だが、スイーツには？「エバラ焼肉のたれ 黄金の味」は、フルーティな甘みでスイーツの隠し味にもなる。

教えてくれたのは……
経営企画本部 広報室
石山智子さん

黄金フレンチトースト

タレにたっぷりのりんごが入っているからこそ。甘じょっぱい香ばしさに夢中！

01 **食パンを4つ切りにする**

6枚切り2枚を用意。それぞれ切る。

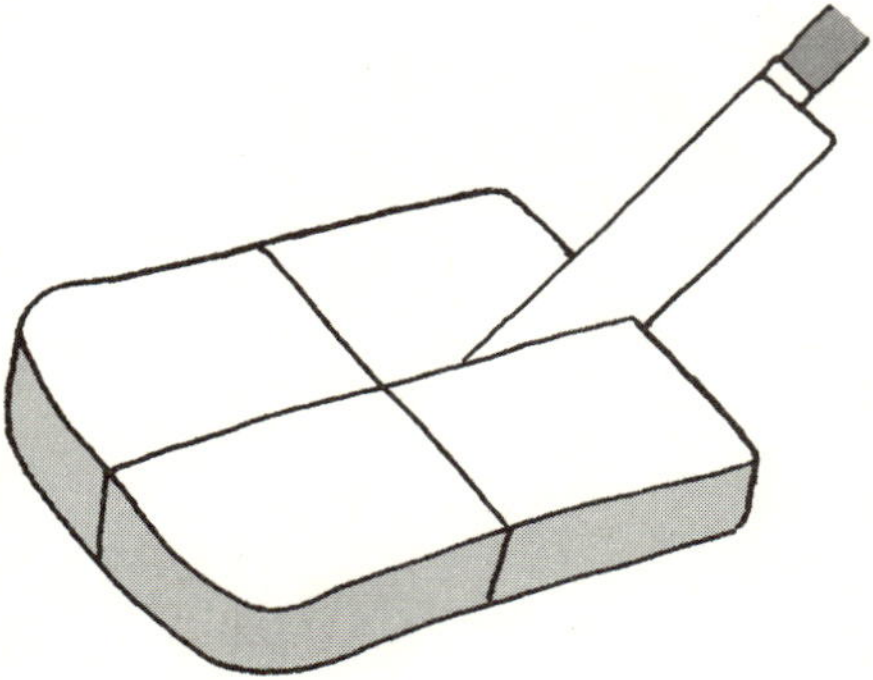

02 フレンチトースト液にパンをひたす

大きめのボウルに、卵１個、牛乳100ml、砂糖・「エバラ焼肉のたれ　黄金の味」各大さじ１を混ぜ合わせ、パンをひたす。

03 フライパンにバターを熱し、弱火で焼く

バター（10ｇ）はフライパン全体に行きわたるように。両面に軽く焦げ目がつくくらい焼ければOK。

04 はちみつをかけてできあがり

商品紹介

エバラ焼肉のたれ
黄金の味 中辛(400g)
メーカー希望価格 ¥525

1978年に発売されて以来、年間3,800万本の出荷を誇る。原材料の約1/3がりんごという、フルーティな甘みが人気。

ツウだけが知っている

開栓後の賞味期限は約２週間

保存料を添加していないため、開栓後は必ず冷蔵庫で保存し、できるだけ早く食べること。賞味期限の目安は約２週間。

明治に聞いた！

チョコレートを健康的に食べる方法

食事やお酒のつまみになるチョコレート。くせのある野菜をもおいしく食べられると社内でも評判が高い、知る人ぞ知るチョコレートレシピ、〝チョコベジ〟を公開！

教えてくれたのは……
広報部
打田智彦さん

野菜with明治ミルクチョコレートソース添え

湯せんしてとかしたチョコレートに、野菜スティックをつけていただく。新しいチョコレートのおいしさに開眼！

01 チョコレートをとかす

「明治ミルクチョコレート」1枚（55ｇ）を刻んでボウルに入れる。ボウルごと40～50度のお湯で湯せんし、チョコレートをとかす。

商品紹介

ミルクチョコレート(55g)
参考小売価格 ￥105

1926年誕生の、芳醇なカカオとミルクの味わいと香りが楽しめるチョコレート。手作りにも最適。

02 とかしたチョコレートに他の材料を混ぜる

湯せんからチョコレートをはずし、生クリームなど、他の材料を混ぜる。

気分によって、3つの味から選んで

よりまろやかな味にしたいとき
⇒牛乳（約20g）
より濃厚な味にしたいとき
⇒生クリーム（約30g）
よりさわやかな味にしたいとき
⇒ヨーグルト（約25g）

03　野菜につけて食べる

02を小鉢に入れ、野菜スティックを添える。野菜はプチトマト、にんじん、里芋などがおすすめ。

ツウだけが知っている

チョコレートが大人のつまみに大変身！

湯せんしたチョコレートにラム酒（小さじ1）＋シナモンを加える、もしくはすりおろしにんにく（小さじ1程度）＋塩（ひとつまみ）を入れ、ゴマなどをトッピングすると、お酒によくあうチョコレートソースになる。

ジャパンフリトレーに聞いた！

「ドリトス」をアレンジする方法

フレーバーのきいた「ドリトス」はそのままはもちろん、じつはちょい足し食材としてもお役立ち。お酒のつまみにも最高な人気No.1アレンジレシピを聞いた。

教えてくれたのは……
マーケティング部
石橋紀幸さん

ドリトスwithワカモレ

「ワカモレ」とはアボカドを使ったサルサソースのことで、「ドリトス メキシカンタコス味」との相性は抜群。パーティメニューにもおすすめ！

01 アボカドを格子状に切る

アボカド（2個）を半分に切り、種を取り除く。包丁を縦横に入れて格子状に切ってから、スプーンですくうように。

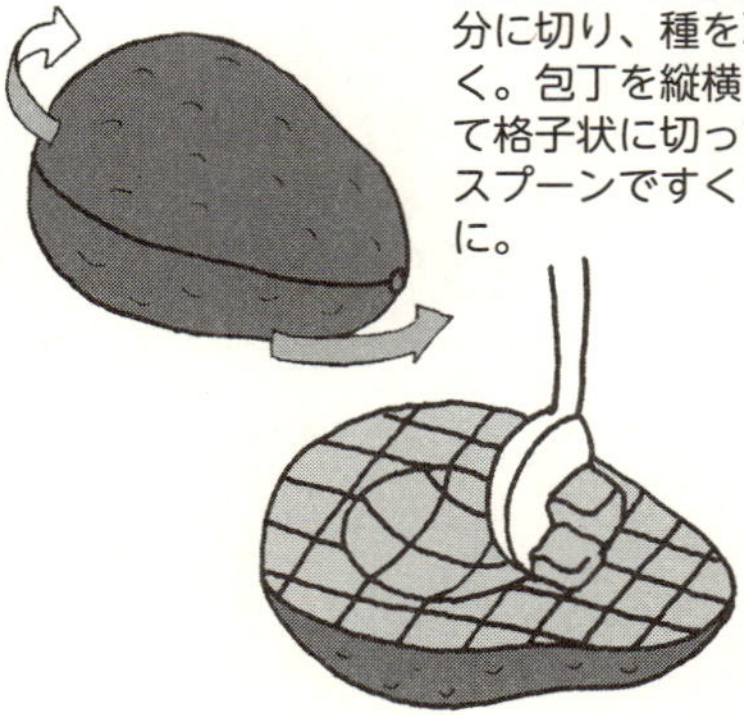

商品紹介

ドリトス メキシカンタコス味（63g）
メーカー小売希望価格 ￥105

パリっとした歯ごたえとスパイシーな味が人気の、1987年発売のロングセラー商品。他にナチョ・チーズ味がある。

02 玉ねぎ、ハラペーニョをみじん切りにする

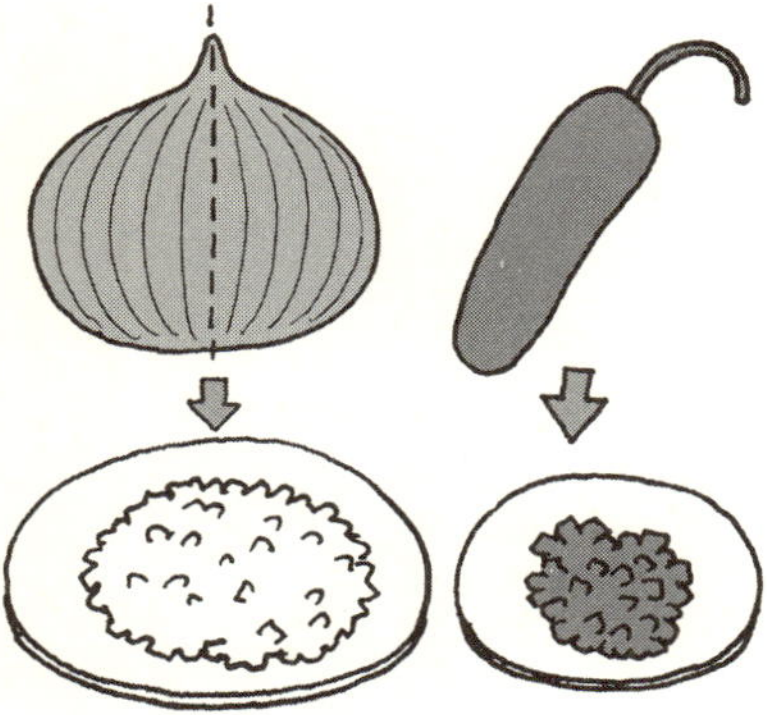

分量は玉ねぎ1/2個、ハラペーニョ20g程度。ハラペーニョがなければ赤唐辛子等でもOK。辛さの調節はお好みで。

03 ⓪①と⓪②をボウルに入れて味を調える

ライムまたはレモン（1/2個）をしぼり、みじん切りにしたコリアンダー（適量）、塩こしょうを入れ、混ぜ合わせる。

04 器に移し、ドリトスを添える

ドリトスをワカモレソースにディップしながら食べる。コリアンダーを飾ると見た目も華やかに。

ツウだけが知っている

トマトに替えれば「サルサメヒカーナ」

アボカドをトマト（2個）に代えると、酸味のあるサルサソースに。「ドリトスナチョ・チーズ味」におすすめ！

取材協力メーカー・飲食店 一覧

アンデルセンお客様相談室	0120-348817
エスワイフード(世界の山ちゃん)	052-259-2782
エバラ食品工業お客様相談室	0120-892-970
エムシーアイ(パンケーキデイズ)	06-6945-1515
カルピスお客様相談室	0120-378090
九州じゃんがら	03-3779-3660
グリコ乳業お客様センター	0120-141-369
古奈屋	03-5394-8818
妻家房 四谷本店	03-3354-0100
サッポロビールお客様センター	0120-207800
サントリーお客様センター	0120-139-310
ジャパンフリトレーお客様相談室	0120-95-3306
じゃんぼ焼鳥 鳥貴族	06-6562-5333
新宿高野	http://takano.jp/
スパイス・ゴーゴー (東京らっきょブラザーズ)	03-5941-8455
宝酒造 お客様相談室	075-241-5111
チェゴヤ	03-5447-2700
東京フード(ぼてぢゅう®)	03-5721-3995

トリドール(丸亀製麺)	078-200-3433
NAOC(黄金屋)	03-3441-7009
日清食品お客様窓口	0120-923-301
日清フーズお客様相談室	0120-244157
日本ケンタッキー・フライド・チキン	03-3719-0231
農心ジャパン	03-3595-0880
ハウス食品お客様センター	0120-50-1231
バカルディジャパン カスタマーサポート	03-5843-0660
パズルフードサービス(東京餃子樓)	03-5432-6823
ビッグマン 佐世保京町本店	0956-24-6382
ホイッスル三好(揚州商人)	03-5376-0469
ホッピービバレッジお客様相談室	0120-5137-88
ホットランド(築地 銀だこ) お客様相談室	0120-87-5577
三井農林お客様相談室(日東紅茶)	0120-314731
メルシャンお客様相談室	0120-676-757
森永製菓お問い合わせ窓口	0120-560-162
もんじゃ 近どう本店	03-3533-4555
明治 お客様相談センター	0120-041-082
「明治ブルガリアヨーグルト倶楽部」	http://www. meijibulgariayogurt.com/

取材協力メーカー・飲食店 一覧

めいらくグループ お客様相談室	0120-668833
山本海苔店お客様センター	0120-236222
雪印メグミルクお客様センター	0120-301-369
UCC上島珈琲お客様担当	0120-050-183
ユーハイムお客様係	0120-860816
レインズインターナショナル お客様センター（牛角）	0120-142-029
和幸商事（とんかつ和幸）	044-540-0151

青春文庫

これは絶品《ぜっぴん》、やみつきになる！
食品《しょくひん》50社《しゃ》に聞《き》いた
イチオシ！の食《た》べ方《かた》

2013年9月20日　第1刷

編　者　㊙《まるひ》情報《じょうほう》取材《しゅざい》班《はん》

発行者　小澤源太郎

責任編集　株式会社プライム涌光

発行所　株式会社青春出版社

〒162-0056　東京都新宿区若松町 12-1

電話 03-3203-2850（編集部）

03-3207-1916（営業部）

振替番号　00190-7-98602

印刷／共同印刷

製本／フォーネット社

ISBN 978-4-413-09580-8

ほんとうのあなたに出逢う ◆ 青春文庫

脳内ストレッチ！
IQ頭脳パズル

小森豪人

77の難問に挑戦！
この「知の迷宮」を
あなたは克服できるか!!

(SE-564)

幸せなお金持ちだけが知っているお金に選ばれる人になる方法

前田隆行

年収も上がらないし、将来も不安。でも
何からどうしたらいいのかわからない！
お金との上手なつき合い方、教えます

(SE-565)

ワンピース㊤難問クイズ

マニアをも悩ます91チャレンジ

海洋冒険調査団

知ってたつもりが意外と解けない！
初級編から超上級編まで
どーんと91問！

(SE-566)

ちょっと気の利いた大人の言い回し

「ことば選び」ひとつで、自分を上げる

知的生活研究所

ピンチを救う釈明フレーズ、
冠婚葬祭で品格ある話し方、
気持ちを伝えるツボ…

(SE-567)

ほんとうのあなたに出逢う◆青春文庫

図解 損したくない人の「日本経済」入門

〝お金の流れ〟を知ることが
損か得かの分かれ道になる！
ビジネスヒント満載！

ライフ・リサーチ・プロジェクト［編］

(SE-576)

藤田寛之のゴルフ

僕が気をつけている100の基本

技術、練習方法、メンタルまで、
「アラフォーの星」が、
ゴルファーの悩みに答えます！

藤田寛之

(SE-577)

モヤモヤから自由になる！ 3色カラコロジー

心の元気をシンプルにとり戻す

［赤・青・黄色］あなたの心の信号《シグナル》は
いま、何色ですか? カラー+サイコロジーで
どんな悩みもスーッと解決します。

内藤由貴子

(SE-578)

進撃の巨人㊙解体全書

まだ誰も到達していない核心

壁の謎、巨人の謎、人物の謎…
ここを押さえなきゃ真の面白さは
わからない!?

巨人の謎調査ギルド

(SE-579)